El aroma de las rosas

Una vida, una mujer y un jardín.

Por: Sandra Carolina Mata Villegas

Sandra Carolina Mata Villegas

Índice

Sandra Carolina Mata Villegas

I - La boda

Un día después de mi boda, se leía en primera plana en la sección de Sociales del periódico más influyente de la ciudad, *«Enlace matrimonial entre la señorita Esther Pascual Martínez y el señor Pedro Vázquez de la Torre»*.

Mi madre estaba tan feliz y orgullosa de que el Tío de Pedro, el Gobernador del estado, se haya tomado la molestia de asistir al casorio, aunque se haya robado el protagonismo con el tema del camino carretero entre la Capital y Calvillo. La efusividad de mi madre le molestaba tanto a mi suegra, que me recriminó por dicho acto.

—Vergüenza debería de darte al permitir que tu familia se comporte de esa manera, —susurró en mi oído Doña Josefa mientras me apretaba el brazo, podía sentir cómo sus uñas se comenzaban a enterrar en mi piel. —No permitiré ese tipo de comportamiento delante de mis invitados, una mujer de sociedad no debe mostrar nunca sus sentimientos.

Yo la miraba con ganas de decirle unas cuantas majaderías de las que le había escuchado a Sabina, mi nana, pero preferí callarme, únicamente se me venía a la memoria las cosas de antes de mi casorio, cosas que en ese momento hubiera querido que fueran diferentes, para no estar ahí, ante lo que presentían mis entrañas que no iba a ser cosa buena.

II - Los Vázquez de la Torre

Recuerdo cómo Pedro, por ser sobrino del Gobernador, era uno de los solteros más perseguidos por todas las madres Hidrocálidas para que fuera esposo de alguna de sus hijas casaderas, por supuesto mi madre estaba dentro de esa lista.

Muchas veces miré cómo mi madre usó cada contacto que tenía y cada peso que tomaba a escondidas de la caja de la tienda familiar, para poder pagar la valiosa información que hacía que lográramos sentarnos en el palco de al lado de la Familia Vázquez de la Torre, en el Teatro Morelos, poder apreciar la obra que se presentaría por la Feria de San Marcos, ese era el pretexto ideal para llevar a cabo los planes de mi madre, planes que ese día lograba cristalizar.

Ese día muy temprano mi madre puso más ímpetu de lo normal en mi arreglo, ordenaba enérgica.

−¡Aprieta más las cintas del corsé Sabina!, quiero que Doña Josefa aprecie la diminuta cintura que tiene nuestra Esther. −y Sabina le jalaba con más ganas a las cintas cortándome la respiración.

Odiaba sentirme como una muñeca, pero eso era lo que siempre había sido desde mi nacimiento, al ser la hija mayor se esperaba que pudiera conseguir un buen marido y que mis hermanos tuvieran la oportunidad de mejorar su estatus social, cosa que me hacía sentir usada, al ver a mis hermanos con la libertad de hacer y decir lo que pensaban sin tener que esconderse, pero sobre todo ver como mi padre los solapaba cada vez que despilfarraban el dinero de la familia en juegos y cantinas con la tonta excusa de «Es que ellos son hombres». Cómo me hubiera encantado haber nacido con pene y no tener que soportar este tonto corsé.

—¡Deja de pensar Esther! —Dijo mi madre mientras yo sentía como se me reacomodaban las costillas dentro de mi cuerpo. —Así está bien Sabina, ahora ponle el vestido celeste con encajes verdes, eso hará que resalte su piel.

Yo no comprendía como mi madre seguía creyendo lo que leía en los panfletos que mencionaban que ciertos colores nos aclaraban la piel, todos en la familia estábamos consientes que nuestro tono de piel no estaba dentro de los estándares de nuestra sociedad.

Nuestro padre nos había heredado esta piel, piel de gente de trabajo, gente de campo con sabor a maíz y nunca nos avergonzamos de nuestras raíces ni de la herencia que corría por nuestra sangre, pero al ser hija

8

de un comerciante con «suerte», como lo mencionaban en los círculos de la alta sociedad hidrocálida, era de esperarse que no siempre fuéramos aceptados, sin embargo, ese día mi madre estaba determinada a que nuestra «suerte» se hiciera presente una vez más y así poder conseguir al soltero más perseguido de la capital aguascalentense.

Mi madre me instruía con severidad, −¡no quiero que vayas a decir algo tonto y sin sentido cuando estemos en el palco! es bien sabido que Doña Josefa es una de las mujeres más prejuiciosas y no quiero que vaya a pensar que eres una mujer con ideas propias, debes de actuar de la mejor manera y comportarte como una señorita.

¿Y cómo se supone que debía actuar? si en primavera se nos permitía correr libremente entre los maizales, chapotear en el rio y no usar estos tontos vestidos que lo único que hacen es cortarme la respiración y no poder probar ni un solo bocado.

Sandra Carolina Mata Villegas

III - La hacienda

Amaba la primavera en la hacienda, cuando pasábamos tiempo con nuestros abuelos, el olor a leña quemada y comer todo lo que mi abuela, con mucho amor nos preparaba. Mi madre no estaba de acuerdo del todo con esos días de libertad, pero era el único momento en el que se nos dejaba explorar las cosas que normalmente no estaban permitidas para las señoritas.

La última primavera que pude tener esa libertad fue antes de que tuviera mi periodo por primera vez, recuerdo que fue un acontecimiento muy traumático y del cual jamás me habían mencionado ningún detalle, así que cuando desperté viendo mi camisón cubierto de sangre al igual que las sábanas, experimenté por primera vez un miedo que no me permitió hacer ningún movimiento, Sabina tuvo que salpicarme con agua la cara para poder hacerme reaccionar y darme cuenta que estaba acompañada de mi madre hablando cosas que no tenían sentido para mí.

—A partir de hoy deberás de ser más cautelosa con tus días Esther, ya no podrás salir sin compañía y tendrás que quedarte en casa mientras dure tu sangrado, tu cuerpo comenzará a sufrir cambios, pero sobre todo, lo más importante, ya estás en edad casadera, tendrás que cuidar de tu virginidad como lo más sagrado de tu ser, ya que no querrás terminar como las mujeres de afuera de la estación del tren, que lo único que hacen es tentar a los hombres con sus cuerpos a cambio de unas monedas. –Me decía mi madre mientras yo trataba de mantener la calma y veía como salía sangre de mi cuerpo sin haberme cortado.

No entendía a qué se refería mi madre hasta que, durante esa primavera, Casta, la cocinera más joven de mi abuela, me platicó como una noche había visto que la criada Soledad se había escapado en la noche para ir a ver a escondidas a Macario y hacer cosas que sólo los casados debían de hacer y me dijo,

–Anoche, Soledad se volvió a escapar con el Macario y los sonidos que hacía me asustaron.

–¿Cómo eran los sonidos? –pregunté.

–Parecía como si se estuvieran ahogando.

–¿Y no la ayudaste?

–Por supuesto que no, ¿querías que se dieran cuenta que los estaba mirando?

–No pues no.

–¿Quieres verlos tú también? –Esa pregunta calentó mi cuerpo entero de una manera que jamás había sucedido. –Podemos ir por atrás de los establos hasta llegar al pozo, ahí siempre me escondo y los puedo ver.

–¿Y no se dan cuenta? Le pregunté con miedo.

–No, están haciendo esas cosas que hacen los casados, no se dan cuenta si alguien los está viendo, Soledad sólo se levanta la falda y Macario se le pega y se quita después, además siempre le tapa la boca para que no grite y no levante a los de la casa.

Entre más me platicaba lo que había visto Casta, más me daban ganas de verlo yo también, así que decidí acompañarla esa noche.

Entonces me dijo, –nos vemos en la cocina a las diez, no te pongas las sandalias y tráete el chal negro para escondernos.

Y así fue como esa noche vi a lo que se refería Casta con cosas que hacen los casados, mientras veía a Macario con su miembro erecto, comencé a sentir una sensación extraña en mi estómago que jamás había sentido, veía como Soledad se movía al ritmo de él y me provocó el pensamiento de querer ser yo quien estuviera en su lugar, estaba tan impresionada que cuando Macario se percató de que los estábamos viendo, Casta me tomó de la mano y corrimos hacia la casa grande para que no nos fueran a dar de palos.

Al día siguiente, en misa, tuve que contarle al padre en mi confesión de lo que habíamos hecho Casta y yo, sin saber que esa confesión acabaría llegando a oídos de mi abuela y ella, dándole una paliza a Soledad por estar haciendo esas cosas, con una Casta obligada a asar los chiles para la comida por una semana y con un Macario obligado a casarse para aplacar los chismes y por si acaso, le había dejado un bebé a Soledad adentro. Yo jamás había imaginado que eso que hacían podía dejarle un bebé en la panza a las mujeres, era un tema del que no se hablaba en mi casa. En lo que a mi tocaba, después de esa primavera jamás volví a estar sola, a donde fuera, ya sea en la calle o en las casa, siempre tenía que acompañarme Sabina.

IV - Mi sombra

Sabina siempre había estado en la familia desde que tengo memoria, fue la madre cariñosa que tanto habíamos querido mis hermanos y yo, mi madre decía que era la mejor cocinera de toda la ciudad, sin embargo, la historia de Sabina no era diferente a la de cientos y cientos de indígenas que trabajaban en las casas de las familias en la ciudad o en las haciendas, ellas eran cualquier cosa que se les ocurriera a las amas; cocineras, nanas, enfermeras y cualquier quehacer que se le ofreciera a las señoras.

Cuando mi madre estaba reunida en el pequeño salón con sus amigas, le encantaba presumir que de haber sabido que iba a ser la mejor ayudanta hubiera pagado más y no las dos monedas que desembolsó por ella a la salida del mercado Terán, cuando apenas, Sabina, tenía 10 años.

Sin embargo, la Sabina que nosotros conocíamos ahora, no siempre fue la Sabina de antes, tuvo que soportar años de adiestramiento, como lo decía mi madre, para que aprendiera a cocinar, cocer y cuidar a los bebés.

–¡Esto que te hago es por tu bien Sabina.! –Le reprochaba mi madre después de darle dos o tres cinturonazos por haber dejado la comida muy salada o dejarle los pantalones muy cortos a mi papá. –Algún día, cuando seas mayor, agradecerás todo esto que hago por ti y ni te enojes, porque yo no soy la peor, si vieras cómo deja la Señora María de Palomino a sus muchachas, esto no es nada a comparación de ellas, si no me crees pregúntales a tus amigas en el mercado y verás que yo no soy tan mala.

Sabina no es más que 12 años mayor que yo, de hecho siempre la consideré una hermana, cosa que mi madre desaprobaba enormemente, amábamos las historias que nos contaba de su infancia, esas que nos hacían imaginar el mar, pues por las noches nos contaba con cierta nostalgia,

–Yo vivía cerca del mar saben, no sé dónde queda eso para ir otra vez, pero mi apá era pescador y mi amá ayudaba en una casa grande, no tan bonita como esta, pero estaba re grande, pero pos un día llegó un patrón más joven y a todos nos corrió, ansina fue, ya no teníamos a dónde ir y mis apás se jueron para acá y al otro día, sólo recuerdo que lloraba mucho cuando su mamá me trajo para acá, lloraba y lloraba, pero mis apás nunca vinieron por mí.

Sabina no sabía leer ni escribir, pero era muy buena en la cocina, hubiera sido el colmo después de los tremendos cinturonazos que mi madre le propinaba, eso sí, le encantaba ir al mercado, eran las únicas ocasiones que podía salir y platicar con sus amigas, las cocineras de los vecinos. Sobre todo, pasaba mucho tiempo en la carnicería con el pretexto de que no recordaba qué le había pedido mi madre, pero todo era para poder ver a Luis, yo no sé por qué le gustaba tanto, no era más que un muchacho flaco, escuálido, con un bigote tan rarito, si es que a eso se le podía llamar bigote y una cara de pocos amigos que parecía que todos los días lo habían regañado.

Luis era un soñador empedernido, odiaba la carnicería, pero era el único lugar en donde le habían dado trabajo, nadie quería contratar a un muchacho peleonero, porque antes de que entrara a la Carnicería, trabajaba en el campo, cuidando el ganado para la Familia Quevedo, pero un malentendido con uno de sus compañeros, desató una pelea tan brutal que terminó con Luis tan golpeado que nadie pudo reconocerlo después de que llegaron los encargados. Luis había escuchado entre los jornaleros, que todos los que se mudaban a la ciudad estaban trabajando en el ferrocarril y sus vidas estaban mejorando, esos comentarios fueron los que le llenaron la cabeza de ideas y después de que lo corrieron por peleonero, decidió venir a la ciudad a probar suerte.

Cuando se presentó en las oficinas del ferrocarril con ese aire de superioridad y egocentrismo que lo caracterizaba, jamás se llegó a imaginar que le darían un puesto mucho menor del que él pensaba se merecía, pero como ni siquiera sabía escribir su nombre, tuvo que conformarse con lo poco que le ofrecieron. No había pasado un mes cuando se volvió a meterse en problemas con otro compañero, la administración no quería tener que lidiar con un buscapleitos, así que decidieron hacer lo que más rápido se hacía en esos días, correrlo.

Luis no tenía idea de qué haría con su vida una vez que sus ilusiones habían terminado, así que para evitar tener que regresar con sus padres, decidió buscar nuevamente trabajo y el único lugar que había disponible era la carnicería de don Lupe, no era el mejor lugar, pero al menos, tenía un catre atrás de la tienda donde podía quedarse.

El humor de Luis no había mejorado en absoluto desde que llegó con Don Lupe, sólo trataba de hacer las cosas lo más rápido posible para irse a la cantina y después dormir un par de horas para después volver a trabajar, no había un sólo día que no tomara aguardiente, los únicos días que no lo veían tan borracho eran los domingos cuando los jóvenes salían de la misa a dar la vuelta en el jardín de san Marcos.

Era una de las tradiciones más bonitas que teníamos las buenas familias y a su manera, también la servidumbre que nos acompañaba. Se podían ver a las muchachas dando la vuelta con sus amigas y viendo a todos los muchachos en sus mejores trajes, por supuesto, jamás se alejaban tanto de sus chaperones, esa era la oportunidad perfecta de conseguir un buen prospecto de matrimonio.

Luis era de los que se quedaba en un rincón y analizaba la situación desde una distancia segura, algunos creían que tenía una maldad oculta por la vibra que emanaba, pero nadie quiso averiguar si realmente esa maldad era cierta o sólo eran rumores por las peleas que había desatado con anterioridad.

Las muchachas cuchicheaban entre ellas y presionaban a Sara, la ayudante de cocina de los Hernández, para que se decidiera a entablar una conversación con Luis, ya que todas notaban como la miraba desde su esquina.

–Ándale Sara, mira que feo no es –Le decían mientras la empujaban hacia donde se encontraba él.

–¡Otsss! ya estense en paz, que si Doña Elvira se entera así me va.

–¿Apoco no te gustaría darle un beso Sara? de esos que tanto platicamos, –le decían sus amigas mientras hacían muecas con sus bocas.

–¿Porque no quieres venir? – le preguntó Luis a Sara.

–Pues tú que no te acercas –Le respondió tentándolo.

–Pues deberías de venir y vamos a dar una vuelta. –Decía Luis con cierto coqueteo mientras Sara se mordía el reboso.

–Pues tu dime.

–Pues tu di.

Sabina comenzó a tener celos de cómo Luis hablaba con Sara, puesto que con ella nunca había hablado más que para preguntarle cuánta carne quería.

–Ya Sabina, no seas así, Luis nunca te va a ver, Sara es más bonita que tú y que todas nosotras. –Le decían en la bola.

–Pero Sara ya sabía que a mí me gustaba Luis y me quiero casar con él. –Reclamaba Sabina.

–No seas tonta, nosotras nunca nos vamos a casar, nosotras siempre trabajaremos en la casa grande hasta que seamos tan viejas como la Señora Flor.

–Yo jamás voy a quedarme en la casa grande, tendré mi propia casa y mis propios hijos con Luis y seremos muy felices vendiendo carne con don Lupe.

–Si serás bruta, cuando has visto que alguien que trabaje en la casa grande se haya casado, somos de su propiedad y moriremos en esa casa, si no es que cuando mueran los patrones, los niños que antes cuidábamos se conviertan en los nuevos patrones y nos corran.

–Eso no me va a pasar a mí nunca. –Sabina se dio la media vuelta y dejó atrás a Luis y a Sara y a sus amigas para irse con los ojos llorosos a la casa.

Habían pasado 2 domingos y Sara y Luis hablaban cada vez más en el jardín, así que ese día Sabina decidió armarse de valor y acercarse más de lo normal a donde estaba Luis para dejar caer su reboso y que Luis lo recogiera, pero eso no pasó, de hecho, hacia un ventarrón tan fuerte que lo único que pasó fue que se llevó el rebozo y Sabina tuvo que salir corriendo atrás de el para no perderlo.

A pesar de que Luis no le hablaba más que para peguntarle cuánta carne quería, para Sabina él era el hombre más perfecto y fue este cariño que sentía por él, lo que cegaría a sus ojos todas las mañas que tenía aquel y que toda la gente notaba, menos Sabina.

Un día, cerca de las once de la mañana, mi madre estaba muy molesta porque Sabina no había regresado del mercado a la hora habitual y refunfuñaba,

—¡esta niña! siempre llegando tarde, ya no va a alcanzar a hacer de comer antes de que tu padre llegue de la tienda.

—A lo mejor no encontró lo que le mandaste buscar.

—Esther, no digas incoherencias, sólo le pedí que fuera por las 3 zanahorias que hacían falta para el picadillo, qué tanto puede tardarse, en fin, tendré que pedirle a Blanca que comience a picar todo y ni modo, ese picadillo no llevará zanahoria.

Ya había comenzado a caer la noche cuando el Sereno anunció las ocho de la noche y Sabina no había vuelto, situación que tenía a mi madre ya muy preocupada.

–¿Y si le pasó algo Julio? Le preguntaba a mi padre.

–Mujer tranquilízate, quizás anda por ahí con alguna muchacha y no sabe qué hora son.

–Sabina nunca había hecho esto ¿Y si se regresó a su pueblo?

–Cómo va a ser eso posible, tiene tantos años con nosotros que no creo que recuerde como volver.

–¿Y si se fugó? Imagínate Julio, la vergüenza que nos va a hacer pasar, ya me imagino lo que van a decir de nosotros, que no podemos mantener a nuestros trabajadores diciplinados, no Julio esa muchacha me va a oír cuando regrese, no puede ser que nos haga esto. – Entonces papá le recomendó tratando de tranquilizarla,

–vete a acostar mujer, prometo que en cuanto regrese te despierto para que seas tú la que se encargue de la situación.

Mis hermanos ya se habían ido a acostar, pero yo no podía conciliar el sueño pensando en si Sabina se había fugado con algún muchacho.

Ya estaba conciliando el sueño cuando escuché cómo tocaban en la puerta de la cocina y comenzó un cuchicheo tan fuerte que no pude evitar escabullirme hasta la sala para poder escuchar con más atención.

–Llévala a la casa chica y manda llamar al doctor López. –ordenaba mi papá.

–Pero patrón no convendría mejor hablarle al Señor Cura, no creo que amanezca.

–Haz lo que te digo y no hagas más preguntas.

Vi salir a mi madre atrás de Blanca con un montón de trapos y a mi padre meterse al estudio y encender la pipa como si no le importara lo que estaba pasando.

Salí corriendo detrás de ellas tratando de hacer el menos ruido posible hasta llegar a la casa chica y me escondí detrás del mueble de la cocina para poder ver lo que pasaba y escuché voces muy apuradas.

–Llena este cuenco con agua caliente Juana y mete los trapos en ella, –le decía Blanca a otra de las cocineras.

Luego, mi madre le decía a Sabina, –mira nomás cómo te dejaron mi niña, ¿quién fue el salvaje que te hizo esto? –A lo que Blanca le recomendaba a mi madre.

–Doña Laura, no creo que este sea un buen lugar para usted, váyase a descansar y mañana cuando esté limpia y pueda hablar le preguntamos.

Pero mi madre decía enfadada. —¡No la voy a dejar en este estado! —Con un tono tan serio que hizo que todos estuvieran muy incomodos. Esa fue la primera y única vez que noté a mi madre preocupada por alguien que no fuera ella misma.

—Ya estoy aquí Doña Laura, vine lo más rápido que pude. —Exclamó el doctor López. —Vamos a ver que tenemos aquí.

Me asomé tratando de no sacar todo el cuerpo y pude ver lo que supuse era Sabina, se veía tan desfigurada que quise salir corriendo, pero temía que se dieran cuenta de que ahí estaba.

Sus ropas estaban cubiertas de sangre, que cualquiera hubiera imaginado que el color original de la tela era ese rojo carmín, su cara había sido marcada con una cortada que iniciaba desde el rabillo del ojo y bajaba hasta el cuello.

El doctor no podía entender cómo seguía respirando después de que le habían hecho semejante cortada. Mientras trataba de revisarla, Sabina se dolía lastimosamente y la sangre que emanaba de su cuerpo terminó por escurrirse más allá del catre, manchando el piso de la cocina.

Pude notar que su corpiño estaba roto y su falda tan destruida, que un sólo tirón hubiera sido suficiente para terminar de arrancarla de su cuerpo, sus rodillas estaban todas raspadas como si la hubieran arrastrado entre piedras, cuando el doctor quiso retirar los trapos que quedaban de la falda, Sabina se retorció tanto que fue necesario que Blanca y Juana la sostuvieran de las manos y piernas para que no fuera a golpear al doctor.

–Necesito revisarte Sabina y ver que otras heridas tienes. –Le decía el doctor secamente.

–Sabina, el doctor no hará nada que no sea propio mientras yo esté aquí, por favor deja que te revise, –exclamó mi madre y pude ver en su rostro el miedo que sentía al no saber que más encontraría.

El doctor retiró los trapos y dejó al descubierto las piernas y el estómago de Sabina, al querer abrir las piernas para revisar Sabina volvió a contorsionarse y soltó un grito tan fuerte que podría jurar que despertó a mis hermanos en la casa grande, el doctor echó un vistazo rápido y todas las mujeres voltearon hacia diferentes direcciones, pero yo no aparte la vista de lo que estaba viendo.

Después se levantó y se apartó para dejar que las mujeres comenzaran a limpiarla, curarla y vestirla nuevamente.

—Vamos a necesitar que venga la partera doña Laura, —explicaba el doctor mientras se limpiaba la sangre de las manos, —le pasa lo que a muchas mujeres hoy en día, con tanto fuereño, no es algo que no haya visto antes, pero para estar seguros de que no haya quedado embarazada, será necesario que la revise una mujer y que usted le ayude a no tener un hijo fuera del matrimonio.

Mi madre posó su mirada en Sabina y pude notar esos sentimientos que nunca le demostraba, quizás en su interior ella sentía un gran cariño por ella pues se notaba cómo le dolía tanto verla en esa situación.

¿Cómo fue posible que nadie hubiera hecho nada? ¿Cómo es que nadie pudo oír sus gritos de ayuda? ¿Cómo es que nadie pudo ver nada mientras a Sabina la maltrataban peor que a un perro de la calle? Entonces vi asombrada cómo mi madre se acercó a ella, mientras la limpiaban y curaban, para sostenerle la mano y hacerle sentir que ella estaba ahí.

No supe en qué momento me quedé dormida, el dolor de mi espalda por haber dormido en el suelo me despertó, no lo podía creer, mi madre seguía sentada al lado de Sabina esperando a que pudiera formar alguna oración y que contestara quien había sido la bestia que le hiso tanto daño.

–Doña Laura, ya está amaneciendo, ¿No cree usted que debe ir a descansar? Don Julio está casi listo para bajar a desayunar, no querrá que desayune solo ¿o sí? –Le decía Blanca a mi madre mientras ella seguía sosteniendo la mano de Sabina.

–Blanca, avisa al patrón Julio que esta será la primera vez en 10 años que desayunará solo, que espero que comprenda que hay situaciones de las que me tengo que encargar.

Nunca había visto a mis padres desayunando separados, era una tradición tomar ese tiempo del desayuno para convivir, todos los días por la mañana.

Si no salía corriendo en ese preciso instante, se darían cuenta de mi ausencia y me metería en grandes problemas, esperé a que Blanca saliera para ir atrás ella, sin embargo, por más silenciosa que iba no pude evitar que notara mi presencia.

–Niña Esther, si su madre se entera de que no está en su cama se va a ganar unos buenos pellizcos. – Decía Blanca mientras seguía caminando rumbo a la casa grande y sin voltear a verme.

–Lo siento Blanca, pero estaba muy preocupada por Sabina.

–Lo que acaba de ver niña Esther es lo más bajo que un hombre puede llegar a hacerle a una mujer. –En ese instante se detuvo en seco mientras me volteaba a ver y me tomaba de la cara entre sus manos con mucha ternura y me decía, –prométame que usted nunca va a permitir que la traten así, algún día usted va a tener un marido y su propia casa, pero no importa cuanto tenga, jamás permita que la maltraten niña, porque a la primera que le pongan una mano encima, nunca se van a detener.

No volvería a recordar esas palabras hasta la primera vez que Pedro me pegó.

Seguimos caminando hasta la casa cuando mi padre me vio entrar detrás de Blanca por la puerta que conectaba con la cocina.

–¿Qué haces despierta tan temprano Esther? – Me preguntó.

–No podía dormir y acompañé a Blanca a traer huevos. –le contesté.

–Es una lástima que de las veinte gallinas que tenemos, ninguna haya puesto ni un sólo huevo el día de hoy. –Lo decía mientras le daba un sorbo a la taza de café. –Sube a cambiarte, no queremos verte con la ropa de ayer en el desayuno.

Mi padre siempre fue una persona seria y su carácter jamás cambió, incluso cuando comenzaron a llegar los nietos, cualquiera imaginaría que con el tiempo se suavizaría, pero no él. En ocasiones me preguntaba, cómo había sido posible que mis padres hayan terminado casados, si no tenían nada en común, ese matrimonio no tenía ni una pisca de amor y cada vez que preguntaba, si se amaban, mi madre respondía:

–Esther el matrimonio no se trata de amor, ¿cuándo has visto que tu padre y yo nos digamos palabras que expresen nuestros sentimientos,? el matrimonio es un contrato que beneficiará el futuro de los hijos, ¿Deveras crees que tu padre y yo nos casamos por estar enamorados? Por supuesto que no, tu padre era un comerciante ya establecido que necesitaba una buena esposa que le diera hijos y ayudara a administrar la casa y tu abuela tuvo la astucia de hacer que este matrimonio se concretara.

Mientras caminaba hacia mi cuarto escuché como Blanca le informaba a mi padre de que mi madre no nos acompañaría en el desayuno, por lo que le preguntó qué era aquello tan importante que impedía que mi madre se nos uniera, pero no escuché lo demás. Mientras me cambiaba la ropa pude ver, por la ventana, cómo mi padre caminaba hacia la casa chica con su taza de café y el periódico en la mano, sin saber el horror con que se encontraría dentro de esa casa.

Tardó más de lo habitual para sentarse a la mesa donde ya esperábamos mis hermanos y yo para poder iniciar con nuestra oración antes de los alimentos. Pude ver en su rostro la preocupación mientras nos contemplaba desayunando, era evidente que aquella escena lo había conmovido más allá de lo que pudiera expresar, pero cómo saberlo, si jamás escuché a mi padre hablar de algún sentimiento más que de la alegría que le daba saber que la tienda de abarrotes estaba posicionándose en una de las más importantes del estado, gracias a las nuevas mercancías que llegaban por tren desde Chihuahua.

Ese día una tristeza cubrió la casa como un manto pesado, podíamos percibir como los animales actuaban como si sintieran el dolor que emanaba de aquel rincón de la finca, la casa permanecía en silencio a pesar de que había cuatro infantes recluidos. Mis hermanos jamás se dieron por enterados de qué fue lo que pasó por órdenes de mi madre, quien amenazó con echar a la calle a todo aquel que mencionara algo relacionado con el ataque a Sabina, dándole al ya pesado ambiente, una razón más para borrar todo brote de alegría.

Durante los días que Sabina estuvo sanando, mi madre se las tuvo que ingeniar para hacerse cargo de sus hijos, una tarea que parecía consumirla desde adentro, si bien mi madre siempre se jactaba en las reuniones y de gritar a los cuatro vientos que amaba a sus hijos, que era el tesoro más grande que Dios le pudo haber regalado, los que habitábamos esa casa sabíamos que sólo era una fachada que necesitaba conservar frente a sus amistades, cuando la realidad era completamente diferente.

Según mi madre había ideado un plan perfecto para que todos los integrantes de la familia supiéramos que hacer, y cuando digo todos, me refiero a que yo, la hija mayor, era quien debía de cargar con toda la responsabilidad de mis hermanos; levantarlos, vestirlos, peinarlos y dejarlos listos para que fueran a dormir, sin que ella hiciera algo por ayudar.

—¿Ves cómo todo funciona cuando tenemos un plan bien organizado? —Me decía mientras yo le terminaban de colocar el tocado en el peinado a mi hermana y cargaba a mi hermano más pequeño en brazos, listo para llevarlo con la nodriza, sin haberme percatado de que aún me faltaba peinarme, pero ¿Como hacerlo? si había tenido que preparar a dos niños y una niña más.

Mi madre se quejaba entonces, —no entiendo como Sabina puede tardarse tanto en tenerlos listos a la hora que le indico, por cierto, Esther hazme el favor de agarrarte ese cabello, pareces niña de la calle. —Expresó mi madre lanzándome su mirada juzgadora.

Por fin Sabina había podido probar bocado de la comida de Blanca y esta le decía,

—mi niña, creímos que no despertarías nunca, mira que las demás muchachas ya habían comenzado a platicar con qué se iban a quedar de tu ropa. No te muevas tan rápido que aun las heridas no han cerrado por completo.

Sandra Carolina Mata Villegas

Sabina comenzó a tocar cada uno de los puntos donde sentía dolor, pero no fue hasta que llegó a su rostro cuando las lágrimas comenzaron a brotar tan abundantemente que Blanca tuvo que mandar llamar a mi madre, no pasó mucho tiempo cuando ella entró preguntando a Sabina que cómo se sentía, ella sólo respondió con un llanto ensordecedor.

—Sabina por favor deja de llorar que vas a hacer que los perros empiecen aullar, no quiero que los vecinos se enteren de lo que está sucediendo, mira que ya han empezado a preguntar por ti. Ahora que mejoraste necesito que me cuentes que pasó ese día, necesito convencer a Julio de presentar cargos en la policía contra la persona que te lastimó.

Sabina enderezó su cuerpo sobre el catre para poder quedar a la altura de mi madre y comenzar con su relato.

Mi madre entró a la casa tan pálida que parecía haber visto un fantasma, pasó de largo por el comedor donde todos estábamos sentados esperándola para comenzar a comer, mi padre fue tras de ella cerrando la puerta del estudio con llave, su llanto envolvió toda la casa seguido por palabras de enojo inentendibles.

Poco después, los vimos salir por la puerta principal sin despedirse de nosotros.

Cuando terminamos de comer, mis hermanos fueron al patio a jugar y yo, me dispuse a ir a ver a Sabina, sabía que probablemente me ganaría un fuerte regaño, pero no estaba dispuesta a que pasara más tiempo sin poder verla, mientras caminaba decidida a la casa chica, el temor se fue apoderando de mi e hizo que, desacelerara mis pasos, traté de no hacer tanto ruido al entrar, pero mis zapatos eran demasiado ruidosos.

–No deberías de estar aquí Esther, tu mamá te va a regañar –Me dijo Blanca,

–Quería ver cómo está Sabina– Pero Sabina gritó desde allá.

–¡No quiero que me veas así, por favor salte pa juera!

–Sabina te extraño, mis hermanos te extrañan hasta los perros te extrañan ¿Cuándo vas a salir de ese cuarto?

–Hasta que sea el cumpleaños de tu hermano Pancho, así que mientras tanto pórtate bien y cuida a tus hermanos, hora ya vete, antes de que te cachen.

—Pero sólo van a faltar 10 días para mi cumpleaños después de ese día, quien me va a peinar para mi fiesta y quién me va a preparar mi pastel.

—Voy a estar lista para tu cumpleaños y ándale chamaca ya vete y donde me entere que no le haces caso a Blanca así te va a ir cuando te vea.

Salí de la casa chica muy enojada, pero justo a tiempo antes de que llegaran mis padres y se dieran cuenta de que había ido a ver a Sabina, me hubieran metido tremendo regaño, pero cuál fue mi sorpresa que al llegar ellos, ni siquiera se percataron de mi presencia en el camino, pues venían acompañados por el encargado de la policía, ni siquiera me voltearon a ver. Después de un tiempo salieron de la casa chica y mientras acompañaban al oficial hacia la salida, pude escuchar la conversación, yo estaba escondida detrás de la maceta del segundo piso de la casa.

—Doña Laura, no será fácil de encontrar a ese canalla, de seguro ya no ha de estar en la ciudad, pero le prometo que haremos todo lo posible por encontrarlo.

—Se lo agradecería mucho, así como la discreción que sé que tendrá con respecto al tema, ya ve que los chismes están a la orden del día y si necesita más   información,   hágamelo   saber   para proporcionársela, que tenga buenas tardes.

En cuanto cerraron la puerta noté que mi madre me fulminaba con la mirada, aunque traté de esconderme para que no notara que estaba escuchando, pero fue imposible, la maceta no era lo suficientemente ancha para ocultarme.

Sandra Carolina Mata Villegas

IV - Mi jardín

Nadie volvió a hablar de lo que le había pasado a Sabina, era como si esa parte de nuestra historia hubiera sido borrada para evitar cualquier habladuría y así continuamos nuestras vidas, aparentando ser la familia perfecta de alta sociedad, que mi madre pretendía que fuéramos. Cuál sería nuestra sorpresa, que años más adelante, la vida nos volvería a poner frente a nosotros al miserable que mancilló a Sabina al lado del mismísimo General Villa.

Poco después de lo ocurrido a Sabina, mi madre empezó a notar que mi cabello comenzó a caerse más de lo normal y aunque al principio no era muy notorio, conforme fueron pasando los meses, lo que comenzó como unos cuantos cabellos ya se habían vuelto mechones enteros.

El doctor de la familia recomendó que tuviera otras actividades y que mis padres comenzaran a pensar en si realmente era bueno que continuara en la escuela ya que tanta presión pudiera ser la responsable de dicha enfermedad, si bien mi padre no estuvo del todo de acuerdo, al principio se me permitió terminar hasta la secundaria, matando así todo sueño de poder ser maestra, por lo que me tuve que conformar, de mala gana, con comenzar a trabajar en la huerta de la casa, cuál sería mi sorpresa al descubrir que amaba estar en mi jardín, disfrutaba cada vez que mis manos tocaban la tierra, ver crecer los primeros brotes y tener que correr bajo la lluvia para evitar que se inundaran mis sembradíos, mi madre odiaba que le prestara más atención a los consejos que me daba Juan, nuestro jardinero, que a lo que se hablaba en las reuniones con nuestras amigas.

Fue gracias a los consejos de don Juan que descubrí, que para que nuestros rosales dieran flores más bonitas, era necesario poner las bolsas del te sobre la tierra, para que cuando se rieguen, los nutrientes bajen hacia el suelo. Así lo hice y cada primavera, nuestros rosales daban tantas flores que mi padre comenzó a venderlas en la tienda y todos querían saber nuestro secreto, pero mi padre siempre contestaba lo mismo, –lo que tienen de especial estas flores, es que son cultivadas con amor, un amor que solo mi Esthercita sabe dar.

Así fue como, al pasar de los días, mi cabello fue mejorando de a poco, hasta que volvió a ser el mismo de antes, evitando así, ser la burla de nuestros familiares.

V - La presentación

El día que nos presentaron a Pedro y a mí, fue en la fiesta de los XV años de mi hermana Trinidad, ya nos habíamos visto con anterioridad en algunas reuniones en las cuales, por «accidente» nos topábamos con Doña Josefa en el teatro, pero nunca habíamos entablado ninguna conversación a solas, por ello me sorprendió muchísimo cuando mi madre se acercó a mí mientras platicaba con mi gran amigo Raúl Franco, me pidió que fuera con ella al estudio, cuál fue mi sorpresa que al abrir la puerta, ya me esperaba mi padre, el padre de Pedro, el mismo Pedro y Doña Josefa.

–Pasa querida, permíteme presentarte a la Familia Vázquez de la Torre, estoy seguro de que ya conoces a Doña Josefa y a su hijo Pedro y él es Don Antonio padre de Pedro.

–Mucho gusto en conocerlo Don Antonio. – Hice una caravana y mi padre continuó,

–Me da mucha alegría poder informarte que el día de hoy, hemos podido concretar, entre ambas familias, la unión matrimonial ente Pedro y tú, querida, espero que la noticia te de tanta alegría como a nosotros. –Decía mi padre mientras se acercaba para darme un abrazo.

–Bienvenida a la familia niña, –exclamó Doña Josefa mientras se levantaba del sillón del estudio dirigiéndose a la puerta de salida. –Sé que cumplirás con tu deber de ser una buena esposa y le darás a esta familia muchos nietos que continúen con nuestro linaje, espero que seas como nos comentó tu padre y no te vuelvas un dolor de cabeza.

–Pues ya está Don Julio, estos chamacos se casarán dentro de 6 meses, antes de que empiece la feria, y ahora, démosles un tiempo para que se conozcan, –expresó Don Antonio, inmediatamente el estudio se vació, quedando sólo Pedro y yo y por supuesto, mi sombra Sabina.

Comencé a ponerme muy nerviosa ya que jamás había tenido la oportunidad de estar a solas con ningún hombre, Pedro me dijo,

–Sé que nunca nos habíamos hablado antes, sólo nos habíamos encontrado en el teatro, pero quiero decirte, Esther, ¿puedo llamarte por tu nombre?, que siempre te me hiciste la más bonita y fue por eso por lo que le pedí a mis padres que hablaran con los tuyos para poder casarnos – Me decía esto mientras me tomaba de las manos y pude sentir las famosas mariposas de las que tanto había leído en las novelas románticas. Al menos eso fue lo que yo conté a mis amigas y familia cuando me preguntaron al respecto, ocultándoles la verdad que se me rebelaba después de esos brevísimos instantes.

Me soltó las manos y en seguida, Pedro se sentó en el sillón con un aire de prepotencia mientras yo estaba parada a mitad del estudio y me miraba con desprecio.

–Mira Esther, acostúmbrate a que te hable por tu primer nombre, mis padres me han insistido tanto en esta unión que tuve que aceptar por la fuerza, porque si no, perdería todos mis privilegios, mi madre y yo no estamos contentos con la elección, pero tu papá, es el abarrotero más grande de la capital y por ende, la dote que nos va a entregar será suficientemente buena para poder continuar dándonos la vida que mi madre y yo queremos. Mi madre dice que no porque me vaya a casar contigo, tendré que cambiar mi estilo de vida, así que acostúmbrate y más te vale que me des hijos, ya que está en el contrato de matrimonio y si no puedes, tendremos que regresarte con tus padres y no verán ni un peso de regreso de la dote.

No podía creer lo que estaba escuchando, ese no era el Pedro que yo había visto, ¿dónde estaba el joven que me sonreía tiernamente detrás de su madre y del cual sólo se escuchaban verdaderos elogios?, entonces me limité a mirar a Sabina mientras Pedro continuaba hablando,

−¡Mírame cuando te estoy hablando y deja de ver a la india esa! Cuando nos cacemos, nos iremos a vivir a la casa de mis padres, soy su único hijo y no puedo abandonarlos, así que haznos el favor de sólo cargar lo mínimo, ya que mi madre no quiere que todas tus cosas estén por todos lados en la casa. Ahora, saldremos por esa puerta con la sonrisa más grande que tengamos y actuaremos muy felices.

En cuanto Pedro abrió la puerta, todos los invitados y nuestras familias, aplaudían por nuestro compromiso.

−¡Que vivan los novios! −Se escuchaba con mucha fuerza.

−¡Beso, beso, beso! −Y Pedro me besó en la mejilla como si fuera el más feliz de los hombres.

Yo me limité a sonreír y a tratar de entender cómo Pedro podía ser una persona completamente diferente al que estaba parado frente a mi hace unos momentos, fue así como la fiesta de mi hermana fue opacada por nuestro compromiso.

Claramente no me sentía feliz conmigo misma, pero eso no les importó a mis padres. Así fue como comenzaron los seis meses más caóticos de mi vida, al menos eso pensaba yo a mis tiernos diecisiete.

Mis días transcurrían entre tiendas, salones y la casa de Pedro, Doña Josefa decidió que nuestra fiesta fuera en el icónico Hotel Alameda, mi madre era la persona más feliz en ese tiempo.

—Esther por favor quita esa cara de mustia y sonríe, qué no ves que eres la envidia de todas, era para que brillaras mijita, no quiero que vayas a tener esa cara el día de la boda, tienes que salir perfecta en las fotos del periódico.

No era que no estuviera feliz, de hecho, mi sueño era casarme con el amor de mi vida y tener una familia feliz llena de muchos hijos, pero una parte de mí sentía tristeza al saber que abandonaría la casa de mis padres, sobre todo, mi mayor tristeza era abandonar mi hermoso jardín que tanto añoraba.

Sandra Carolina Mata Villegas

VI - La fiesta

El tan esperado día de mi boda llegó, toda la casa era un alboroto, mis hermanos corrían tratando de que no los atraparan para ponerles sus trajes, mi madre histérica tratando de que su peinado se quedara en su lugar, mi padre, como buen hombre de familia, brindando en su estudio con mi abuelo.

El vestido que mi madre había escogido para mí era el vestido más hermoso que jamás había tenido; el color, los encajes, el ajuar, el velo, los zapatos, todo era perfecto. Todos me esperaban en el primer piso para verme bajar por las escaleras, quedaron tan emocionados que mi mamá sin perder la costumbre, se volteó enojada hacia todos diciendo que nadie tenía permitido llorar ese día, porque se arruinarían el maquillaje y ya no había tiempo de arreglarlo. Antes de que partiéramos a la catedral, mi padre me mandó hablar al estudio.

—Esther, el día de hoy te conviertes en toda una mujer, a partir de ahora, la casa de tu marido es tu casa y tienes que hacer todo lo que esté en tus manos para que tu nueva familia se mantenga unida, pero antes de que te vayas quiero entregarte esto. —Fue hacia el escritorio en donde estaba un cofre, lo tomó y me lo entregó. –Este cofre tiene todas las ganancias de la venta de tus flores, además, unos cuantos centenarios para que los utilices en lo que tú quieras, prométeme que no vas a dárselos a Pedro, esto es tuyo y es lo único que te va a pertenecer, espero hija mía, que nunca tengas que utilizarlos más que en un caso de emergencia y puedas pasar esta herencia a tus hijos.

Tomé el cofre y le di las gracias dándole un beso y un abrazo, tan cálido, que por primera vez sentí cómo mi padre estaba feliz por mí.

–Julio, ya no entretengas a la niña que vamos a llegar tarde a la misa. –Gritaba mi madre tras la puerta.

Le di el cofre a Sabina para que lo guardara dentro de mi neceser, junto con mis pertenencias que después serian llevadas a la casa de Pedro.

La celebración transcurrió sin ningún inconveniente, ambos recitamos nuestros votos ante el padre y nuestros familiares y al salir, nos bañaron en arroz antes de partir hacia la recepción.

Aquella fiesta estuvo llena de gente que no había visto jamás, la mayoría eran conocidos de Don Antonio y Doña Josefa. A mitad de la fiesta llegó el Sr. Gobernador con toda su comitiva, yo no sabía en donde los iban a sentar, puesto que el salón ya se encontraba a punto de reventar, pero eso no fue problema, pues tardaron más en sentarse, que en lo que Pedro paro a todos mis primos de mesa, para darle espacio a su tío e invitados, mis padres hicieron por acercarse enseguida para agradecer el gesto de haberse presentado en aquel día a pesar de tener muchos compromisos.

La efusividad que mi madre dejaba ver, le molestó mucho a Doña Josefa, al grado que me llevé tremenda amenaza, como si hubiera sido yo la que estaba armando ese alboroto, mi padre por su parte, trataba de relacionarse lo más posible para hacer nuevos negocios con la gente a la que no había tenido oportunidad de conocer y entablar conversación con anterioridad, en lo que a mí respecta, mi boda transcurrió en saludar a gente de mesa en mesa y sonreír la mayor parte del tiempo, mientras mi suegra me vigilaba, no quería provocarle ningún disgusto.

En cuanto la fiesta se terminó, me dirigí directamente a la casa de los padres de Pedro, no sin antes despedirme de mis hermanos y mis padres, entre lágrimas.

–Deja de llorar Esther, no nos vamos a morir, además, no vivimos tan lejos, puedes ir a visitarnos cuando quieras, pero no tan seguido por favor. –Me decía mi mamá mientras me abrazaba para despedirme.

VII - Casa de mi suegra

La casona en la que viviría era muy diferente a la de mis padres, era el doble de grande y teníamos más personal que nos atendía todo el tiempo, pero cuál fue mi sorpresa al ver el maravilloso jardín con el que contaba, apenas lo vi y mi mente comenzó a imaginar los días enteros que pasaría ahí.

Sin embargo, mis ganas de correr hacia el jardín tendrían que esperar, puesto que la fiesta aun no terminaba. Varios familiares de Pedro llegaron junto con nosotros a la casa en donde ya estaba dispuestas algunas mesas en el patio central, lo que me pareció extraño era no ver a nadie de mi familia en esa reunión, creí que llegarían más tarde pero jamás llegaron, resultó que esa pequeña fiesta sólo era para la familia de Pedro.

Me dispuse a cambiarme de ropa para estar más cómoda, así que subí a la que sería mi habitación, mis pertenencias ya habían llegado, pero me pareció extraño no ver a Sabina, había sido mi sombra durante muchos años que se sentía un poco inquietante no tenerla cerca, en cambio, en la habitación estaban dos muchachas, quizás dos o tres años más chicas que yo, en espera de ayudarme.

Aunque no era tan tarde ese día, mis pies me mataban, así que comencé a quitarme la ropa cuando Pedro entró a la habitación.

—Retírense, necesito estar a solas con mi esposa, —les indicó Pedro y ambas niñas se retiraron sin mirarlo a la cara. —Bienvenida a tu nueva casa Esther, espero que te acostumbres rápido porque no quiero tener que estar batallando contigo. —Me decía mientras caminaba tambaleándose hacia mí, tuve que sujetarlo antes de que se fuera a tropezar con la alfombra y se lastimara. —Ahora desvístete que tengo que hacerte mujer.

—¿A qué te refieres? —Pregunté confundida.

—¿Que tu madre no te explicó qué seguía después de nuestra boda? Por favor Esther, no te creo tan inocente.

Si bien recordaba lo que había pasado con Soledad y Macario en la hacienda de mis abuelos, jamás tuve alguna plática con mi madre o alguien cercano con respecto a los deberes que debía de tener en cuanto me casara, además de ser una buena esposa.

—Pedro, yo creo que mejor deberías de dormir, mira como estas, además, tus invitados todavía están en el patio y no puedes hacerlos esperar.

–Tú no me vas a decir que hacer, tú eres mi mujer y aquí mando yo, así que quítate el vestido. – Pedro se abalanzó sobre mí con pasos torpes debido a la cantidad de alcohol que tenía su cuerpo y comenzó a tratar de quitarme el vestido mientras me tenía recostada de espaldas a la cama.

–Pedro por favor no, no está bien esto, por favor, –le suplicaba mientras él me levantaba el vestido. Grité por ayuda, pero nadie acudió, nuevamente traté de quitármelo de encima cuando sentí el golpe de su mano en mi rostro, no una, sino dos veces.

En ese momento me quedé inmóvil, ¿qué había pasado?, ¿cómo era posible esto?, ¿por qué Pedro me había golpeado? Mientras en mi mente pasaban este tipo de preguntas, Pedro bajaba mis enaguas y metía su miembro dentro de mí, no hice ningún sonido, fue tan doloroso que las lágrimas comenzaron a correr sobre mi rostro y cuando emití un sonido ante el dolor, él sólo tapó mi boca con su mano, tan fuerte, que sentí como mi mandíbula casi se rompía. El acto no duró mucho, en cuanto terminó se levantó y comenzó a abotonarse el pantalón.

—Ahora cámbiate y baja con los invitados que la fiesta aún no termina, no quiero verte llorar frente a los invitados y más te vale que hayas quedado embarazada, no espero menos de ti. —Se dio la media vuelta y salió dejando la puerta abierta.

En cuanto se marchó, las dos muchachas entraron mientras yo me encontraba sentada en la cama, mis lágrimas comenzaron a salir y el llanto fue imposible de parar, ellas corrieron hacia mí y en una muestra de apoyo, me abrazaron y reconfortaron.

—Señora Esther, por favor ya no llore, si no doña Josefa vendrá por usted y puede ser peor. —Me decía una de ellas mientras me acariciaba el cabello.

—Necesito quitarle su vestido y ponerle otro ya que este está manchado.

—¿Cómo que manchado? —Me levanté y revisé mi hermoso vestido y ahí estaba, una mancha de sangre, ¿cómo era posible?, acababa de terminar mi periodo, me remangué el vestido y vi como corría sangre por mis muslos, entre en pánico y comencé a respirar muy rápido y fuerte, tanto que comencé a sentir como me faltaba el aire.

—Tranquilícese Señora Esther, es normal después de la primera vez —¿Primera vez? ¿Qué es eso?

—Vamos al baño para lavarla y ponerle uno de sus bonitos vestidos que trajo.

Me guiaron hacia el baño, me lavaron y me colocaron mi nueva vestimenta, me arreglaron el peinado y el maquillaje, por primera vez me vi en el espejo después de aquel acto, mis cachetes estaban muy rojos después de los golpes de Pedro y mi maquillaje se había corrido por las lágrimas, sin embargo, aquellas dos muchachas hicieron un excelente trabajo para que nadie notara lo acontecido.

—Listo Señora Esther ya puede bajar, no deje que doña Josefa se dé cuenta de que estuvo llorando.

Antes de salir por la puerta les pregunté por sus nombres.

—Yo soy Claudia y ella es Alma, seremos sus damas a partir de ahora, cualquier cosa que necesite estamos para usted Señora Esther, puede confiar en nosotras.

Y claro que así sería, ellas se convertirían en mi apoyo durante el resto de mi infeliz vida.

Sandra Carolina Mata Villegas

VIII - Mi vida casada

Habían pasado dos meses después de mi boda, las noches con Pedro, cada vez eran más frecuentes, estaba determinado en poner un bebé dentro de mí.

–¡Por Dios Esther!, haz aunque sea un sonido, parece que estoy con una muerta. –Me decía Pedro cada vez que terminaba. Yo me limitaba a ir inmediatamente a la tina a bañarme y poder quitar todo rastro de él.

Para mi desgracia aun no quedaba embarazada, pero el único consuelo que tenía en esa casa, eran los días enteros en mi jardín ya que, al parecer, mi papel en la dinámica de esa casa, únicamente era la de procrear hijos. Doña Josefa ya había llevado al médico para que me revisara, porque no entendía cómo no podía quedar embarazada.

–La Señora Esther está muy sana, no tengo dudas de que pronto nos dará la noticia de su embarazo, sólo hay que dejar que los recién casados hagan su tarea doña Josefa.

–Es que no logro comprender como no puede quedar embarazada, yo tuve la fortuna de convertirme en madre después de haberme casado con Antonio, algo malo debe de tener esta niña.

—No se preocupe doña Josefa, le puedo recomendar que tome este té, eso ayudará a calentar su matriz y verá que cuando menos se lo espere, tendrá un hermoso nieto.

Después de mi trágica noche de bodas y las siguientes noches de llanto, Claudia se sentó a mi lado y me explicó a detalle todo aquello que mi madre jamás me dijo, además de darme algunos consejos para hacer más pasadero el momento.

La historia de Claudia no era diferente del resto de las demás personas que ayudaban en la casa, venía de una comunidad no muy lejos de la ciudad, no tenía estudios ya que ayudaba en el campo a su familia y cuando tenía 10 años se vino a la ciudad junto con su familia, debido a la sequía que azotaba al país, fue así que entró a trabajar en la casa de la familia Vázquez de la Torre, si bien eran personas duras, era bien sabido que a don Antonio le gustaba que el personal que trabajaba directamente en la casa grande supiera leer y escribir, así que la puso a estudiar. Claudia sobresalió en ese aspecto y se volvió rutinario que todas las noches leyera para los demás las noticias del periódico.

Fue así como nos enteramos que se estaba levantando un movimiento para destituir al presidente Porfirio Díaz y su dictadura.

Hasta esa fecha, yo desconocía que mi suegra era sobrina lejana del entonces Presidente Porfirio, por lo que la noticia no le sentó nada bien. A pesar de sus conexiones, mi suegra no era una persona que comentara mucho de sus relaciones pero sí le gustaba opinar del ambiente político, un tema poco femenino en términos de mi madre, pero era interesante como doña Josefa podía mantener una conversación rodeada de hombres. Serían esas conexiones las que nos salvarían de la muerte durante la Revolución, evitando que la familia fuera fusilada por los liberadores del país.

Como cada año llegó la feria, las festividades más bonitas y tradicionales de nuestra ciudad y con ella, la tan esperada noticia de mi embarazo, mi familia estaba completamente extasiada por la buena nueva, al igual que los padres de Pedro, esas semanas de festejo se volvieron semanas de deudas ya que, para mi sorpresa, mi esposo tenía una cierta debilidad por las peleas de gallos que nos comenzaron a generar deudas.

Don Antonio, en el desayuno Comentó,

–Pedro, ya estuvo bueno, uno creía que, al casarte cambiarías un poco, ya no puedes seguir viviendo tu vida sin ninguna responsabilidad.

–Papá, sólo fueron unos pocos de dineros, prometo que el día de hoy, recuperaré lo que gasté, más ganancias, sólo dame un poco extra.

–Por supuesto que no ¿Acaso piensas malgastar la herencia de tus hijos? –Pero intervino Doña Josefa,

–Antonio, por favor, Pedro es muy buen apostador, lo que pasa es que han sido peleas arregladas en su contra, estoy segura de que el día de hoy tendrá más suerte que la de ayer, ¿O no confías en él?

Y con esas simples palabras, Doña Josefa convenció a su marido de darle más dinero para malgastarlo en sus apuestas, como fue de esperarse, volvió a perder el dinero entre sus apuestas, el alcohol y no dudaría que, con alguna que otra mujer, ya que entre los chismes de la sociedad, era bien sabido de la debilidad de Pedro por las mujeres fáciles y no tan fáciles, cosa que desconocía, al igual que muchas cosas de él antes de casarnos.

Ese día por la mañana, me levanté por el escándalo que había en mi habitación, para mi sorpresa,

Pedro se encontraba revolviendo todas mis cosas buscando algo de dinero.

–¿Qué haces Pedro? – pregunté adormilada.

–Cállate y dime dónde tienes el dinero.

–¿Cuál dinero? yo no tengo nada.

–Yo sé que tu padre te dio algo antes de la boda, dime dónde lo guardas, –balbuceaba mientras arrojaba mis vestidos por el aire.

–Pedro por favor –me acerqué a él para detenerlo pero me empujó contra el suelo, temí por la salud de mi bebé, así que me regresé a la cama mientras el salía de la habitación enfadado por no haber encontrado nada.

Por supuesto que el dinero que mi padre me había dado estaba muy bien guardado, no permitiría que nadie en la casa fuera a quitármelo, es por eso que en una de mis salidas hacia la casa de mis padres, decidí hacer lo que la mayoría de las personas hacían, salvaguardar el dinero en el banco.

Claudia entró después de que Pedro se retiró de la habitación, era muy temprano y el personal comenzaba a despertar.

–¿Está bien señora Esther? – preguntó aun con su camisón de dormir y envuelta en su reboso.

–Si Claudia, –respondí con la voz entrecortada.

–Señora, cuide a esa creatura que carga, es la única manera de mantener al Señor Pedo entretenido en otras cosas. Si gusta, puedo quedarme para vestirla de una vez.

–No Claudia, ve a prepararte tú, nos vemos dentro de un rato. –Me volví a recostar en la cama.

Las festividades terminaron, pero las deudas que Pedro había contraído no, Don Antonio se había negado a darle un peso más, pero no contaba con que doña Josefa una vez más, liquidó toda deuda, no permitiría que nadie hablara mal de su familia.

Durante mi embarazo las únicas actividades que doña Josefa me permitía hacer, eran la de visitar a mis padres, ir a misa y estar en mi jardín, ya que decía que ahí no molestaba a nadie con mis conversaciones sin sentido y a mí me fascinaba.

Pasaba la mayor parte de mi día en ese maravilloso espacio, rodeada de plantas y los pocos animales que teníamos, los rosales estaban en plena floración, por lo que requerían de más atención para evitar que las plagas fueran a acabar con ellos, por supuesto que todas las flores las mandaba a la tienda de mi padre, pero las ganancias nunca llegaban, porque

Pedro iba por ellas, con la excusa de que yo no podía ir por mi estado de embarazo.

Sandra Carolina Mata Villegas

IX - Mi primer hijo, Pedrito Ismael

Cuando el invierno llegó, congeló toda mi alegría, cómo iba a poder sobrellevar esos meses sin tener en qué pasar el tiempo, pero el destino tenía otros planes, ya que en esos meses de frio nació mi hijo Pedro Ismael, dándome en que entretenerme durante esa temporada.

Si bien no lo esperábamos para esas fechas, fue el regalo adelantado de navidad que todos querían, fue un bebé perfectamente sano y aunque todos a mi alrededor me decían que despertaría en mi ese lado maternal, la realidad es que fue todo lo contrario, no era que no lo amara pero, me sentía diferente después de su nacimiento, había días en los que la tristeza me inundaba por completo, no podía levantarme de la cama, otros días me sentía abrumada por no poder detener el llanto y por consiguiente los regaños de doña Josefa, reprochaba con severidad mi falta de control de la situación. Me pasaba noches en vela observando mi bebé en su cuna, llenando mi cabeza de preguntas sin respuestas y en otras ocasiones, tenía la sensación de querer, simplemente, regalar a mi hijo, no sentía que fuera mío, era como si simplemente la maternidad no fuera para mí.

Por supuesto que estos sentimientos jamás los pude compartir, de vez en cuando Claudia me escuchaba, pero la manera en cómo me miraba, me hacía sentir culpable por tener ese tipo de dudas con respecto a mi maternidad, por consiguiente, la pérdida de cabello regresó y ya no había manera de ocultar ese problema.

Este sentimiento acrecentaba cada vez que visitaba a mi madre, ya que sus constantes comparaciones con la magnífica vida y maternidad de mi prima Isabel, era el tema principal de conversación.

Isabel siempre fue buena persona y la única que venía a visitarme a casa de mis suegros, cuando nació Pedro Ismael, se quedaba durante una semana antes de regresar a la hacienda y trataba de aligerarme la carga, aunque sus intenciones siempre fueron buenas, los sentimientos que provocaba en mí no eran los mejores.

Como regalo, por haberles dado un nieto a la familia Vázquez de la Torre, me obsequiaron una casa con sus tierras fuera de la ciudad, en la que podía empezar mi propia huerta si es que así lo quisiera, por supuesto que dicha propiedad no estaba a mi nombre, sino al de Pedro y seria parte de la herencia familiar cuando sus padres murieran, sin embargo, eso no me importó, ya que lo que más deseaba era poder escaparme de ese encierro.

Lo primero que hice en cuanto llegué por primera vez a la casa que nos dieron, fue plantar un árbol de limones en conmemoración del nacimiento de Pedro Ismael, ambos crecerían de la mano, florecerían y darían frutos, como era de esperarse, sembré rosales en los límites para evitar que las abejas se acercaran mucho a la casa, llevé conmigo a Pedro Ismael en un par de ocasiones, para tratar de reforzar nuestro vínculo, pero fue inútil, era muy pequeño para entender todo lo que yo le hablaba con respecto a las plantas.

Cuando Pedro Ismael cumplió un año, simplemente me lo arrebató doña Josefa, a partir de ese día fue como si yo jamás fuera su madre, para todos lados lo llevaba consigo y los momentos que pasábamos juntos, estábamos bajo su eterno acompañamiento.

Doña Josefa estaba decidida a hacer el papel de madre con mi hijo, al parecer quería tener una segunda oportunidad de hacer mejor las cosas.

Sandra Carolina Mata Villegas

X - Mi prima Isabel

−El día de ayer vino tu tía Ana a visitarme, −comentaba mi madre mientras tomaba a Pedro Ismael en sus brazos quitándome tremendo peso de encima.

−¿Estabas enterada que tu prima Isabel ya está esperando a su segundo hijo? Es muy buena noticia, esperemos que este si sea un varoncito, digo no es que Ana Isabel no sea suficiente, pero no hay nada mejor que un niño en la familia.

Cada vez que mi madre mencionaba a Isabel y su perfecta vida, sentimientos obscuros nacían dentro de mí.

Isabel se había casado con Emanuel hacia dos años antes que Pedro y yo y vivían en la hacienda de mis abuelos y su vida era tan perfecta que parecía un cuento de hadas.

Emanuel era un hombre de tez clara, cuerpo muy ancho y cabello rizado, era más alto que el promedio de hombres, alegre, trabajador, amable, nunca tenía problemas con los obreros, de hecho fue ese carácter tranquilo el que convenció a mi abuelo de dejarlo como encargado de la hacienda, puesto que nadie nunca refutaba sus órdenes, no tomaba ni fumaba y era tan dedicado a su familia que en ocasiones se burlaban de el por hacer tareas del hogar, sin embargo esto no le generaba preocupación, puesto que él amaba estar con Isabel y la pequeña Ana Isabel, niña hermosa de ojos grandes, nariz respingada y el cabello heredado de su padre.

Mi abuelo a pesar de su avanzada edad no se apartaba de Emanuel a la hora de ir a ver los sembradíos, por supuesto que era más rápido cuando no estaba observando como gendarme junto a él, revisando santo y seña de lo que se hacía, sin embargo Emanuel era tan paciente con él que no le molestaba en absoluto tener que llevarse más horas en sus actividades del día, con tal de que mi abuelo estuviera feliz de los trabajos, esta rutina siguió por varios años más hasta que mi abuelo dejó de caminar por sus reumas, sin embargo eso no impidió que Emanuel, todas las noches, fuera a su habitación y le informara de lo que se había realizado en las tierras, sabiendo que esa plática lo animaba.

Al mismo tiempo que Emanuel se hacía cargo de los campos de cultivo, Isabel se había encargado de las tareas de la casa grande, dejando que mi abuela descansara después de tantos años de mandato. Al principio, como buena señora de rancho, no aceptó que la apartaran, sin embargo, con 85 años y una vista casi nula, no había nada que discutir. En cuanto Isabel tomó el mando de las cosas, todas las tareas comenzaron a modernizarse, un cambio por aquí un cambio por allá y la casa parecía completamente diferente, poco a poco se convirtió en la nueva señora de la casa.

De vez en cuando se veía a mi abuela dando rondines por la cocina, pero apenas asomaba la cabeza, ya la regresaban a recostarse, sólo se alcanzaba a escuchar los reniegos y enojos mientras la arropaban como si fuera un bebé.

El día que mi abuelo murió, la hacienda paró por completo, se decía entre los trabajadores que jamás había sucedido algo así, era la primera vez en la historia de la hacienda que nadie movía ni una herramienta ni un plato, podías notar que hasta los animales sentían tristeza, puesto que no comieron durante la mayor parte del día. La familia se reunió durante ese día y al día siguiente para darle la santa sepultura, mi abuela no habló durante todos los ritos funerarios, parecía un fantasma, sin comer ni beber nada, por supuesto que Isabel estaba muy preocupada por ella, pero no podía detenerse ni un momento a llorar, puesto que tenía que organizar muchas cosas.

Yo no pude asistir al velorio de mi abuelo ya que Pedro y Doña Josefa habían dicho que el viaje pudiera afectar mi embarazo y no podíamos permitir que nada ni nadie afectara el nacimiento del primogénito de la familia, por lo que me tuve que resignar a ir a misa a la parroquia de mi colonia para orar por el alma de mi abuelo.

Después de los ritos fúnebres de mi abuelo y encontrándose toda la familia reunida se leyó el testamento, todo sus bienes incluyendo las tierras y la hacienda los había heredado Emanuel e Isabel, con la condición de que mantuvieran a mi abuela hasta el último día de su vida, mis tíos por su parte armaron tremendo alboroto por la noticia, mientras que mi tía Ana madre de Isabel no podía ocultar la sonrisa de oreja a oreja que tenía por la felicidad de saber que su hija era ama y señora de tremenda cantidad de tierras, mi padre, por su parte no hizo ningún sonido y evitó que mi madre hiciera cualquier comentario tanto negativo como positivo por la noticia, puesto que él decía que nada de lo que tenía mi abuelo le pertenecía ya que jamás compartió el gusto por el campo y que por eso había emigrado a la ciudad y comenzado con la tienda de abarrotes y aunque mi padre no pensaba pelear por dichas tierras, Pedro no pudo evitar hacer su comentario malintencionado en cuanto supo de la decisión de mi abuelo.

–Pero que egoísta tu abuelo al dejar toda su herencia a tu prima, –comentaba mientras cenábamos con su familia, –qué pensaba al hacer semejante atrocidad, por supuesto que era de esperarse que tanto Emanuel como Isabel le envenenaran la cabeza a tu abuelo para que les dejara todo ¿Y si en realidad lo engañaron y lo obligaron a firmar el cambio de testamento? Voy a preguntar con mi notario si eso es legal. –yo le respondí.

–Dudo mucho que mi abuelo se haya dejado engañar tan fácil, esas tierras eran su vida y tanto Emanuel como Isabel tienen viviendo con ellos desde que se casaron y se han hecho cargo de todo, nadie se había preocupado antes por manejar la hacienda hasta hoy.

–Sí, pero por qué no repartió a cada uno de sus hijos una parte, así tu padre tendría tierras y podría venderlas o dártelas a ti o por qué no, a nuestros hijos y así tener algo de patrimonio.

Durante la lectura del testamento, mis tíos Luis y Gerardo fueron los más afectados por la noticia y mientras gritaban y maldecían la memoria de mi abuelo en ese pequeño salón. Mi abuela, que hasta ese momento no había hecho nada, con paso lento atravesó el salón hasta donde estaban sus dos hijos y los abofeteó como cuando eran pequeños, el silencio fue absoluto mientras todos, atónitos, la miraban sin poder dar crédito a lo que acababa de suceder.

—Escúchenme bien, esta es una decisión que su padre y yo tomamos hace ya tiempo y si creen que voy a dejar que vengan a manchar la memoria de su honorable padre están muy equivocados, podre ser una anciana pero aún tengo fuerzas para corregirlos cuando quiera, así que no hay nada que discutir, si quieren tierras cómprenlas ustedes pero no vengan con su papel de víctimas ahora cuando tienen años de no ver, ni invertir ningún peso en esto. —Giró para ver a toda la familia y mientras fulminaba a cada uno con la mirada, terminó de decir. —Y si vuelvo a oír a alguien decir algo malo en contra de Emanuel e Isabel o mi difunto esposo, les aseguro que habrán deseado no haberlo hecho.

Todos los asistentes quedaron mudos mientras mi abuela se retiraba lentamente a su habitación, seguida por el notario quien daba las gracias muy apenado por haber asistido a la lectura del testamento. Isabel fue tras de ella en silencio y regresó después de diez minutos a la habitación, nadie se había movido después de aquel incidente y por fin rompió la dura capa del silencio.

—Abuela quiere que sepan que todo lo que se dijo en el testamento es real y no habrá ningún cambio, Emanuel y yo estamos tan sorprendidos como ustedes, sin embargo, tienen que saber que amamos estas tierras tanto como ustedes y no dejaremos que se pierdan mientras estemos al frente del mandato, espero que entiendan que esta decisión no cambiara nada la relación que tenemos con ustedes, de hecho, si en algún momento requieren algo háganoslo saber y veremos la manera de ayudarlos, somos familia y seguiremos siendo familia.

Sandra Carolina Mata Villegas

XI - El primogénito

Como consecuencia de la tristeza que me inundaba por el arrebatamiento de mi hijo, mi cuerpo comenzó a experimentar cambios nuevamente, devolvía la comida cada vez que probaba algún bocado. Como siempre, Pedro y su madre, minimizaron mi sentir y no fue hasta después de un mes, que el médico me fue a revisar, y con sorpresa nos enteramos que nuevamente me encontraba embarazada, pero esta vez los síntomas eran más fuertes que con el primero, por lo que el doctor recomendó reposo forzoso durante los primeros cuatro meses, para evitar algún aborto espontáneo debido a mi mala salud.

Tuve que regresar a la casa de mi suegra, así que los siguientes meses los pasé encerrada entre cuatro paredes sin luz, porque mi suegra aseguraba que los rayos del sol lastimarían al bebé, el único consuelo que tenía era los libros de horticultura y las noticias de los enfrentamientos que estaban suscitándose en el país.

Un tal Francisco I. Madero había fundado un partido con el cual pretendía derrotar la dictadura actual del presidente Porfirio Díaz, sin embargo, esto no fue de su agrado y lo mandaron arrestar, pudo huir hacia el norte en donde comenzaría junto con sus aliados la Revolución, seis meses después Porfirio Díaz había renunciado a la presidencia y huido a Francia para pasar sus últimos años recorriendo Europa, sin embargo su renuncia no hizo que la situación del país mejorara, los Villistas se comenzaron a apoderar de los diferentes estados del norte apoyando siempre los nuevos ideales de Madero, por lo que no nos sorprendió que después de las nuevas elecciones resultara el ganador y nuevo presidente de México. La ubicación que teníamos como estado resultaba muy tentadora para el nuevo gobierno ya que con las líneas ferroviarias eran estratégicas para el comercio de las mercancías y los ejércitos que requerían cruzar parte del país.

Esta situación tenia a mis suegros muy preocupados ya que temían por su futura seguridad ante los nuevos cambios suscitados, por lo que mis suegros temiendo que todas las tierras que tenían se perdieran o regalasen a cualquiera, decidieron hacer cambios en los títulos de propiedad, llamaron a los capataces de más confianza que tenían para que firmaran el contrato de compra-venta, sin embargo, aunque dichas tierras estuvieran a su nombre la realidad es que jamás lo serían, mis suegros recibían las ganancias de todo lo producido.

Durante mi encierro el cabello comenzó a salir nuevamente lo que me dio esperanzas de curarme de aquella enfermedad que me afectaba, pero poco me duró el gusto puesto que en cuanto llegó la feria Pedro volvió a sus vicios dejando deudas a donde fuera. En una de las tantas salidas de Doña Josefa aproveché la oportunidad y bajé al jardín para cerciorarme que los botones de los rosales estuvieran en buenas condiciones y listos para la floración, mientras caminaba tranquilamente por aquellos surcos.

Noté a lo lejos a una mujer que asomaba la cabeza a través de los setos del límite de la propiedad, entonces me acerqué a ella con cautela, para ver si podía ayudarla.

–¿Te puedo ayudar en algo? ¿Buscas a alguien? –Pregunté desde una distancia segura.

–Buenas tardes señora, busco a Pedro. –Me llamó la atención que preguntara por mi esposo con su primer nombre y no de manera formal.

–No está en casa, pero si me dices que necesitas yo puedo decirle más tarde que regrese. –Comenté mientras me acariciaba la panza para que mi bebé dejara de moverse tanto.

Noté que la mujer era muy bella, vestía un vestido de organza amarillo claro y calzado que combinaba con su atuendo, cabello recogido y un maquillaje muy sutil, se notaba que provenía de buena familia pero sobre todo que conocía a Pedro, cuando cruzó los setos, giró sobre sí misma para extender los brazos y cargar a un pequeño niño de no más de dos años. En el momento en que vi al niño, comencé a sospechar de la intención por la que había venido esa mujer, el pequeño era igualito a Pedro, no cabía duda de que era su hijo.

—Disculpe que la moleste aquí señora, no era mi intención asustarla ni mucho menos que crea que estoy invadiendo propiedad privada, pero busco a un amigo de años atrás, quizás usted lo conozca se llama Pedro Vásquez, me dijeron que aquí vive pero no tuve suerte de que me abrieran por la puerta principal, por eso me atreví a entrar por atrás y ver si alguien de la casa me podía ayudar. —Me decía con un tono muy cálido de voz y tan amable, que de no sospechar de las intenciones de su visita, la hubiera invitado a tomar un té.

80

—Lamento mucho que no te hayan abierto en la puerta, pero cuando doña Josefa no se encuentra, tardan más en atender, pero si gustas puedo darle el mensaje a Pedro si quieres.

—Entonces tú también conoces a Pedro ¿eres familiar de él? Qué raro, nunca mencionó que tuviera hermanas, creí que era hijo único, pero si no eres su hermana entonces ¿Quién eres? Disculpa mi atrevimiento, siempre hablo como si la gente me conociera de años, que grosera, permíteme presentarme, mi nombre es Adela Suarez.

Adela era la hija de un sastre que confeccionaba los trajes de luces para los toreros en esa época, contaba con muy buenos contactos debido a la fama de su padre, sus clientes y la buena calidad de sus confecciones. Ella siempre fue una niña muy obediente pero recientemente, entrada su juventud, se volvió rebelde a las órdenes de su familia, por las mañanas ayudaba en la tienda de su padre y por las noches salía de fiesta, por supuesto que esto no le generaba muy buena fama, pero Adela estaba decidida a disfrutar de su juventud pues sabía que no duraría mucho.

En una de sus salidas nocturnas con sus amigos, dio la casualidad que ambos tenían un amigo en común, el cual los presentó y a partir de ese día Pedro y ella se volvieron inseparables, por supuesto que los padres de Pedro no estaban contentos con las habladurías de la gente ya que no era bien visto que el heredero de la familia Vázquez De la Torre, saliera con alguien que no tuviera su estatus, y más sabiendo que la familia se dedicaba a las diversiones bárbaras, era de esperarse que en cuanto doña Josefa se hartó de tener que aguantar los cuchicheos de la gente, comenzó la búsqueda de una buena esposa para su hijo, una que estuviera a la altura de las expectativas, poco tardaron en salir ofertas de las madres de las jovencitas hidrocálidas casaderas, aunque yo no estaba dentro de los mejores prospectos, según el buen ojo de doña Josefa, no contaba que había alguien con mejor colmillo para los tratos, su esposo don Antonio, queriendo evitar más infortunios para la familia, por su cuenta ya había comenzado a hacer tratos con mi padre para unirnos en matrimonio.

La noche después de que Pedro y yo nos comprometiéramos, fue la última ocasión que Adela y Pedro se verían y a mi entender, el fruto de esa noche resultó ser ese pequeño niño, igualito a su padre, no había manera de negar que era el primogénito de Pedro.

–Encantada de conocerla señorita Suarez, mi nombre es Esther Pascual, esposa de Pedro, –le dije mientras extendía mi mano cordialmente para estrechar su mano.

En cuanto escuchó aquello que le decía, volteó a ver mi abultado estómago y fue como si hubiera visto un fantasma, su rostro se volvió pálido y pude notar cómo la tristeza se apoderaba de su cuerpo, tuve que tomar al niño en mis brazos antes de que cayera al suelo junto con su madre, ella se desvaneció, tuve y que gritar para pedir ayuda, varios trabajadores se acercaron y de inmediato ayudaron a levantarla y llevarla a dentro de la casa.

–Colóquenla en la sala de visitas y manden llamar a Claudia –daba instrucciones mientras caminaba con la creatura en mis brazos

Claudia entró corriendo a la habitación con alcohol para ayudar a reanimar a Adela.

–Toma al niño Claudia y llévalo a la cocina para que le den algo de comer, dame el alcohol y tráeme también algo de fruta para la señorita.

Tomé el bote de alcohol en mis manos y mojé un pedazo de algodón con él. Adela comenzó a volver en sí y preguntó dónde estaba su niño, la tranquilicé diciéndole que estaba comiendo algo.

–Lamento mucho el incidente señora, no era mi intención hacer una escena en su casa, ya me retiro.

–No hay necesidad de que te vayas tan pronto Adela, además necesitas comer algo, quédate recostada mientras te traen algo para que comas.

Mientras Adela se encontraba sentada, las lágrimas comenzaron a recorrer su rostro y al ver que ya estábamos solas, comenzó a decirme notablemente apenada.

–Días después de que Pedro y yo dejamos de vernos, supe que estaba embarazada, mi familia no quería que la gente se enterara de mi embarazo y me enviaron a Zacatecas para tener al bebé y mantenerme lejos de las habladurías. No fue hasta que mi padre murió que regresé a la cuidad, sin embargo, el negocio ya no fue él mismo, por eso me presenté el día de hoy aquí, ya que necesito ayuda económica para poder mantenernos, no quiero que piense que soy una rompe hogares señora, pero no puedo mantener a mi hijo yo sola, por favor ayúdenos, mi hijo necesita conocer a su padre y a sus hermanos –dijo mientras veía mi barriga.

–Lamento mucho tu situación Adela, no tenía idea de que existieras y mucho menos el niño, sin embargo, a pesar de tu inconveniente, espero poder ayudarte para que no tengan necesidad, pero será necesario que le contemos a Pedro de la situación.

Antes de que Claudia pudiera entrar al salón con la charola con alimentos, Pedro irrumpió en el salón furioso, podías notar cómo sus ojos estaban llenos de fuego y odio, entró tan rápido que no me dio oportunidad de explicarle lo que había pasado.

–¿¡Cómo te atreves a entrar a la casa de mis padres y molestar a mi esposa!? –Le gritó a Adela. – ¿¡Qué estabas pensando en presentarte aquí con ese niño!?, ¿qué esperabas?, ¿qué te dejara quedarte aquí?, estas mal, ahora deja de dar vergüenza y lárgate de aquí.

Pedro la tomó del brazo y la levantó con un movimiento brusco, cuando traté de detenerlo para poder explicarle, giró hacia mí y con su mano libre me golpeó justo en la mandíbula, no tuve tiempo de reaccionar, sentía cómo iba cayendo sin control de mi cuerpo, traté de levantarme pero fu inútil, Adela miró la escena con mucho temor y pánico pero no pudo ayudarme ya que Pedro la sacó inmediatamente de la habitación, ella insistía en que regresaran para auxiliarme, pero él la levantó sobre su hombro y se la llevó, luego, al ver a Claudia gritó.

—¡Traigan al niño en donde quiera que esté!, — mientras se dirigía hacia el jardín.

Cuando desperté del golpe, ya me encontraba en mi habitación, el Doctor terminaba de decirle algo a doña Josefa quien estaba de pie al lado de la puerta, traté de incorporarme pero no pude al sentir un mareo muy fuerte.

— ¿Ves lo que me haces hacer Esther? — decía Pedro desde el sillón al lado de la cama. —Si tan solo no fueras tan tonta como para meter extraños a la casa, no te habría tenido que pegar, pero tú no entiendes más que a golpes.

—!Basta Pedro¡ No es momento para más peleas, Esther necesita descansar y no moverse hasta que la creatura decida nacer; pidámosle a Dios que no le hayas hecho algún daño a mi nieto muchacha, espero no tener que repetirte las cosas, ahora Pedro, retírate de la habitación para que Esther pueda dormir. —Decía Doña Josefa con tono frio.

Días después de ese bochornoso acontecimiento, Adriana nació sin ninguna complicación, era una niña fuerte y sana pero no era lo que la familia de Pedro quería, ellos querían un varón, así que poco festejaron su nacimiento, podría decir que la ignoraban, lo mismo que a mí.

La niña lloraba tanto por las noches que era imposible descansar a su lado.

—¡Ya calla a esa niña, no deja dormir a nadie! —Gritaba Pedro en la habitación.

—No sé qué hacer, ya le di de comer y la cambié, pero no deja de llorar. Le explicaba

—Si no haces que pare la voy a sacar con los perros, ya vi que es de familia, las mujeres no entienden más que a golpes, —me amenazaba furioso.

Sandra Carolina Mata Villegas

XII - Adriana y los gemelos

Adriana, a diferencia de Pedro Ismael, se crio a mi lado con la ayuda de Claudia, mi hija era una niña muy feliz y curiosa, con ella comenzaba a descubrir aquellos sentimientos que no pude experimentar la primera vez, no me sentía tan abrumada cuando estábamos juntas y me alegraba con ella cuando reía por las caras que le hacía Claudia mientras jugaba o hacia trompetillas con su boca, disfrutaba de los paseos en el jardín y me miraba con sus grandes ojos revelando su inocente ignorancia cuando le platicaba todo acerca de los rosales. Para mi mala fortuna, mi pobre niña no pudo disfrutar de ser hija única porque un año y cinco meses después, quedé de nuevo embarazada.

Meses antes de que nacieran los gemelos, estaba completamente decidida a parir en la hacienda de Isabel, con la ayuda de ella y todas las mujeres que habían ayudado anteriormente con el nacimiento de Adriana, sería más fácil anticiparnos ante cualquier emergencia.

– ¿Estas loca Esther? ¿Crees que mis hijos van a nacer en la hacienda de esa Isabel? Ni siquiera nos caen bien, además, ¿para qué quieres ir allá teniendo todas las comodidades de la ciudad?

—Pedro, si el doctor tiene razón y son 2 bebes, sería mejor estar rodeada de gente que me pueda ayudar, no es que aquí no se pueda, pero me sentiría más segura si me voy a la hacienda, además, Isabel se ofreció a venir por mí, no será necesario que tengas que acompañarme. —trataba de no mirarlo a la cara mientras terminaba de hacer las maletas que me llevaría a la hacienda de mi prima.

—Bueno, pues si así quieres que sean las cosas, entonces vete, pero Adriana se quedará en casa, cuando sea tiempo del nacimiento de mis hijos iremos a verte, mientras tanto ella se queda al cuidado de mi madre. —La piel se me heló al escuchar las palabras de Pedro, lo miré con pánico en el rostro, a él le provocaba placer ver esa expresión en mi rostro.

—Pedro, ¿qué dices? por supuesto que no, tu madre ya tiene a Pedro Ismael, para qué quiere a Adriana, no podría estar cuidando a los dos, por favor déjame llevarla conmigo, será una carga menos.

—No, ella se queda en la casa hasta que regreses de la hacienda, no es una sugerencia es una orden Esther. —Y salió de la habitación, yo corrí tras de él rogándole que no me hiciera eso.

–Por favor Pedro, que tengo que hacer para que la dejes ir conmigo, quieres que me arrodille ante ti, lo haré, mira. –Me arrodillé como nunca lo había hecho mientras las lágrimas rodaban por mis mejillas, pero era inútil, me miraba gustoso de verme ahí en el piso.

En ese momento, mi prima Isabel entraba a la casa como si fuera ama y señora del lugar, se acercó hacia mí para levantarme del brazo de una manera muy sutil, aunque fue imperceptible, noté que lo hacía para evitar que me siguiera humillando.

–Espero no interrumpir nada serio prima adorada, que bueno verte nuevamente, –me dijo con una gran sonrisa, –levántate querida para poder ver esa hermosa barriga, mira qué guapa te ves embarazada y mira lo reluciente que estas, no hay duda que la maternidad te sienta muy bien. Pedro, no sabía qué te iba a encontrar aquí, pensaba que estarías en la feria dando la vuelta o mirando qué novedades hay este año.

–Isabel, es una sorpresa verte tan temprano, te esperábamos para más tarde, a propósito, tu habitación esta lista para ti si es que quieres subir a descansar. – La mirada con la que Pedro miraba a Isabel era de completa lujuria y deseo, –si gustas te puedo mostrar donde queda.

—No gracias Pedro, a decir verdad llegué desde ayer, vinimos a comprar cosas que necesitamos en la hacienda, Emanuel está afuera haciendo espacio para las maletas que nos llevaremos, creo que sería de más ayuda si pudieras pedir que fueran bajando las cosas por favor, además de indicarme dónde está mi hermosa sobrina a la que no tengo el gusto de conocer aún.

Claudia bajó con la niña en brazos y tan pronto las vio, Isabel caminó tan decidida a llevársela con ella que ni siquiera se percató que doña Josefa estaba justamente detrás de ella.

—Trae las cosas de la niña muchacha y súbelas directamente en la carreta. —Le ordenó Isabel a Claudia.

—Es bueno verte nuevamente Isabel, —dijo doña Josefa —la última vez que nos vimos fue en la boda de Pedro y Esther, te veías tan niña en aquella ocasión y mírate ahora, todo una mujer dueña de una hacienda muy importante.

Le dijo doña Josefa con tono serio, mientas trataba de quitarle la niña de los brazos a Isabel, pero ella no se dejaba intimidar por nadie y se aferró a esa niña con todas sus fuerzas haciendo movimientos que esquivaban las manos de doña Josefa.

92

–Gusto en verla doña Josefa, no me gustaría quitarle más tiempo, además ya es tarde y si no partimos en este instante se nos puede hacer más noche y estoy segura que Emanuel no querrá eso, ya que a él le gustaría estar antes de que empiecen a encerrar a los animales en los corrales para poder ver qué novedades hubo en el día, así que discúlpeme si no acepto su invitación a quedarme pero como verá, tenemos el tiempo muy limitado. Lo que si me gustaría hacer antes de irme es ver a mi hermoso sobrino, no le incomodaría mandarlo traer ¿o sí? –Decía Isabel mientras fulminaba a Doña Josefa con la mirada.

Mientras esa escena sucedía, Emanuel entraba por la puerta con su sonrisa y amabilidad que esfumó el ambiente pesado que se había creado.

–Ya decía yo que no era normal tu tardanza querida mía, como siempre, es imposible evitar que te detengas a platicar con cuánta gente te encuentras. Doña Josefa, es un placer volver a verla, Esther, mira nada más esa hermosa panza, ya me dijeron que serían dos, muchas felicidades a los dos, –y me abrazó con tanta ternura que tuve que morderme el labio para no derramar ni una lágrima.

En ese instante Isabel pasó a Adriana a los brazos de su marido, mirándolo de una manera que fue evidente que dicha mirada tenía un claro mensaje «No sueltes a la niña».

En cuanto Pedro Ismael cruzó el patio central de la casa, Isabel corrió hacia él y lo abrazó tiernamente, un abrazo que yo jamás había podido darle porque para mí él no era mi hijo, él era el heredero de la Familia Vázquez de la Torre.

—Mira nada más que chulo niño, cómo has crecido, la última vez que te vi eras apenas un bebé, te pareces tanto a tu mamá que nadie negaría que eres su hijo —decía Isabel mientras miraba a Pedro.

Doña Josefa agarró a Pedro Ismael tan fuerte de la mano que el niño emitió un pequeño pujido, era claro que no permitiría que Isabel también se lo llevara lejos, pero luchar esa batalla habría hecho que las cosas fueran más tensas de lo que ya estaban y para Isabel, ya era suficiente haberle quitado a Adriana a doña Josefa.

—Muchas gracias por su amable atención, pero ya es hora de que nos vayamos, prima, yo sé que no quieres pero es necesario despedirse, —y sin mirar a doña Josefa dijo, —con mucho gusto los estaremos esperando en la hacienda cuando gusten, son bienvenidos, estoy segura que a la abuela le encantara verlos nuevamente, salúdeme mucho a su esposo doña Josefa. —decía Isabel mientras me encaminaba hacia la salida tomándome por la cintura.

Justo cuando estábamos por salir, Pedro detuvo a Isabel tomándola por el brazo haciendo que ambas giráramos hacia él, se acercó hacia ella como si fuera a darle un beso en la mejilla, pero en cambio le susurró en el oído.

—Cuídate Isabel, sé que en la hacienda eres la que manda, pero aquí en la ciudad cualquiera puede tener algún accidente y más las mujeres como tú.

Isabel sonrió al escuchar esas palabras y con voz firme le respondió mirándolo directamente a los ojos.

—Pedro, quizás asustes a muchas con esas palabras, pero a mí, hace falta más que una triste amenaza para quitarme el sueño. Además, como tú dices, cualquiera puede tener un accidente.

Salimos por la puerta principal y Emanuel ya estaba listo para partir. Mientras nos alejábamos de la casa, una ola de sentimientos me comenzó a invadir el cuerpo, una parte de mi estaba feliz por poder alejarme de ese ambiente, pero otra se sentía culpable por dejar a mi hijo en esa casa, quién diría que esa acción se arraigaría tan profundo en su corazón que jamás me llamaría mamá, sólo sería Esther para él.

Los siguientes meses en la hacienda fueron una bocanada de aire fresco a mi vida, Adriana era completamente feliz al lado de sus primos, comía sanamente y descubría el mundo de una manera natural y pacífica, Isabel era un amor con ella y sus hijos.

Ver a Isabel cómo podía llevar una hacienda y ser madre al mismo tiempo sin perder la cordura era un deleite, por supuesto que siempre estaba respaldada por su esposo.

Los gemelos nacieron sanos a pesar de que no fue un parto fácil, Sabina estuvo a mi lado ese día, había llegado horas antes junto con mi madre para ayudar, estaba tan decidida a que ninguno de mis hijos muriera, que olvido que Isabel se encontraba ahí y le ordenaba como si fuera una más del grupo.

Isabel había mandado llamar a Pedro para el nacimiento de sus hijos, por supuesto que este no se presentaría hasta un par de días después ya que la última vez que se habían visto no habían terminado en buenos términos.

Pedro estaba feliz de saber que había tenido otro hijo varón, aunque no expresaba el mismo gusto por su nueva hija, él quería que regresara a la casa lo antes posible para que sus padres también pudieran conocerlos y aunque no lo externaba, yo sabía que no estaba contento de estar ahí, rodeado de gente inferior a él, por lo que en cuanto pude ponerme de pie, solicitó que nos auxiliaran para nuestro regreso, ya que como eran necesarias más manos de las habituales para atendernos, en la casa de sus padres, las conseguirían con mayor facilidad.

Sandra Carolina Mata Villegas

XIII - Las epidemias

Para 1914 el Estado estaba completamente rebasado en su capacidad de servicios públicos, con la llegada de los diferentes ejércitos para la Convención. Una nefasta consecuencia de esto fue el surgimiento de diferentes enfermedades que comenzaron a diezmar a los pobladores locales, la tifoidea y viruela golpeaban la salud de muchos y mi padre fue uno de los afectados por estas enfermedades.

A inicio los doctores suponían que lo que tenía mi padre era un resfriado, sin embargo, los episodios de delirio y sangrado excesivo se fueron haciendo presentes. Harto de no obtener mejoría, mi padre decidió salirse del hospital y mi madre no tuvo opción más que aceptar las decisiones de mi padre.

En cuanto salieron de ese hospital, la dinámica de los marchantes en la tienda comenzó a cambiar y los privilegios a los que estaban acostumbrados en la casa de mis padres se esfumó, la gente comenzó a resguardarse, primero por miedo, pero después fue porque alguien de la familia enfermaba, en consecuencia, los ingresos que percibía la tienda no fueron los mismos.

Después, al ya no poder atender la tienda, Pedro tuvo que llevar las riendas del negocio por ser el yerno más antiguo, pero el menos capacitado para tales faenas. Ahora, lo que antes era para una familia se dividió entre dos, únicamente así pudimos sobrellevar la situación durante un par de años antes de que lo peor llegara.

Mis padres se fueron para la casa del rancho y allá se quedaron, como estaban muy acostumbrados a la ciudad, sobre todo mi mamá, les costaría volver a acostumbrarse a la vida sencilla del campo, pero eso era mejor a morir. Mis hermanos se fueron para el norte y pocas noticias de ellos tuvimos desde ese entonces.

Cuando la Gripa Española se asentó en la ciudad, no hubo alma que estuviera preparada para lo que se vendría, todos aquellos que teníamos propiedades fuera de la capital huimos con lo que pudimos cargar sin saber cuándo regresaríamos y qué encontraríamos al regresar. Pedro tomó la decisión de cerrar la tienda e irse a vivir a la hacienda de Isabel.

En esos días, estábamos con mis suegros para recoger mis cosas que había dejado en su casa.

—Llévate sólo lo necesario Esther, no queremos estar cargando con cosas que no nos van a servir, además puedo regresar en otra ocasión y llevarte más cosas, –decía Pedro mientras daba instrucciones a todos en la casa.

Mientras me dividía entre guardar mis cosas y las de Adriana en los velices, escuché cómo Pedro alzaba la voz en una de las recámaras contiguas.

–¡¿Están locos?! Cómo pueden pensar en quedarse aquí, por favor ¿que no están escuchando las noticias? –exclamaba Pedro.

–Es una decisión que ya hemos tomado hijo y ni tu ni nadie nos va a hacer cambiar de opinión. –dijo Doña Josefa mientras se acomodaba en su sillón

–Por favor papá, di algo, no esperas que me quede cruzado de brazos mientras mi mamá decide todo.

–Lo siento Pedro, es una decisión que tu madre ya tomó y la respetaré, si ella quiere quedarse en la casa, así lo haremos, tenemos todo lo que necesitamos para sobrevivir estas dos semanas, no creo que vaya a durar tanto esta gripa. –decía Don Antonio muy confiado de sus presentimientos.

En cuanto todo quedó cargado nos dispusimos a emprender nuestra partida, Adriana, en mis brazos, se despedía de sus abuelos y de su hermano Pedro Ismael, para ese tiempo, él ya era más hijo de doña Josefa que mío, se había vuelto más un familiar al cual veía diario, que jugaba y dormía con su hermana, pero a mí me veía como su fuera una más de la servidumbre a la cual le hablaba con nada de respeto y poca tolerancia.

Le insistí de sobre manera a Pedro para que pudiéramos llevarlo con nosotros a la Hacienda y pudiéramos alejarlo de cualquier enfermedad que pudiera llegar, pero Pedro insistió en que alguien debía quedarse a cuidar a sus padres mientras nosotros nos alejábamos.

—Pórtese bien hijo mío, cuide a sus abuelos, a partir de hoy tendrá que hacerse hombre, tendrá que aprender cómo se manda en una casa, no de lata y siéntase orgulloso de quién es, aquí tu mandas, no dejes que los criados te digan que hacer o que decir, tú eres el patrón —le decía Pedro a nuestro hijo y yo le recomendaba.

—Cuídate mucho Pedro y mantente alejado de los problemas, cuida mucho de ti y pórtate bien hijo — y él me contestaba fríamente

—Tú también Esther, cuida a mis hermanos más de lo que me cuidas a mí y no dejes que nada les pase.

Comprobaba una vez más que desde que doña Josefa crio a Pedro Ismael, la palabra mamá quedó eliminada de su vocabulario, se dirigía a mí en tercera persona y aprovechaba cualquier conversación que teníamos para echarme en cara que a él yo no lo cuidé como cuido a sus hermanos, era evidente que el veneno que doña Josefa había inyectado sobre él se había arraigado en lo profundo de su ser.

En cuanto llegamos a la hacienda ya todo estaba dispuesto para nuestra estadía, Isabel había preparado una finca para que pudiéramos estar como familia. Estaba al norte de su casa, como a unos doscientos metros, tenía todo aquello que pudiéramos prescindir en esos días, lo que no contábamos era que el enclaustramiento llevaría más tiempo de lo que imaginábamos, poco a poco las provisiones se fueron terminando y se volvió evidente que sería necesario que alguien tuviera que ir a la ciudad para reabastecernos. A pesar de que Isabel y Emmanuel nos procuraban todo lo necesario, la arrogancia de Pedro le reclamó a Emmanuel lo fea que estaban las verduras que nos regalaban, lo hizo de una forma tan grosera y malagradecida, que mi prima Isabel dejó de mandarnos cosas y aunque su esposo le insistía que aquello no había tenido importancia, que ya conocía a Pedro, pero Isabel nos levantó la canasta, como se dice entre el pueblo, y Pedro, a lo más que dijo fue que iría al pueblo a comprar verduras de mejor calidad que el mugrero que ahí se daba.

Las noticias de que la gripa española comenzaba a expandirse más y más por todo el territorio dejando a su paso muchos muertos, se iba haciendo más cercana de lo que pensábamos, era evidente de que el gobierno no estaba preparado para afrontar una crisis sanitaria de ese tamaño. El gobernador del estado había decretado toque de queda, sin embargo, eso no impidió que los cuerpos dejaran de apilarse en las calles, aquellos que se quedaron en la ciudad, no pudieron evitar que esta enfermedad del infierno se llevara al menos a un familiar, en los peores casos, toda la familia fallecía dejando a la suerte de unos cuantos abusivos propiedades disponibles para habitar.

Después de una conversación que terminó en golpes, como todas aquellas que tenía con Pedro, este decidió que iría a la ciudad, yo sabía que su insistencia por ir, era más por saber cómo estaban sus padres, que por procurarme a mí y a mis hijos. Ese día por la tarde, emprendió el camino hacia la ciudad.

Mientras yo me encontraba en la hacienda con Isabel, los rumores entre los peones y la servidumbre machacaban con que Pedro se la pasaba de galán en la ciudad, cosa que nunca pude confirmar que eso fuera cierto, ya que mi prima era poco tolerante con ese tipo de comentarios por parte de los trabajadores.

Sandra Carolina Mata Villegas

XIV - Sin máscaras

Un día, Legarda me contó que mi prima estaba muy enojada con su servidumbre y escuchó cómo los reprendía.

—Es la última vez que quiero escucharlas cuchicheando de Pedro en esta cocina, ¡¿me entendieron?! —Decía Isabel en tono molesto al personal de cocina. —A partir de hoy Casta tiene mi permiso para castigar a cualquiera que vuelva a hacer un comentario que pueda llegar a oídos de mi prima mientras se encuentre en esta casa.

—Pero patrona, en la ciudad todos dicen eso, dicen que el marido de la Señora Esther tiene bien panzona a la hija del sastre y que ya es la segunda creatura que le va a dar si no me cree pregúntele al viejo Igna…. —la pobre niña no había tenido oportunidad de terminar la frase cuando Casta ya le había metido tremendo cachetadón para que se callara.

—Llévensela de aquí antes de que le meta una tremenda tunda, —ordenaba Casta al resto del personal mientras la sacaban lo más rápido posible de la cocina.

Casta se había vuelto la segunda al mando desde que mi abuela había fallecido y mano derecha de Isabel para llevar en orden a todos los que trabajaban en ese lugar, aunque mi abuela no lo dijera, siempre tuvo un cariño muy especial por ella, tanto así que la enseñó a leer, escribir y sumar para que nadie le quisiera ver la cara en sus últimos días, tanto la quisieron que le dejaron una choza para que la pudiera habitar y comenzara su vida una vez que ellos fallecieran, pero Casta estaba tan acostumbrada a su catre dentro de la casa grande que nunca quiso irse y después de que Isabel tomara el mando era más útil que vivieran en la misma casa y no distanciadas.

Casta nunca quiso casarse a pesar de que siempre tuvo el permiso para hacerlo, sin embargo, cada vez que le insinuaban que ya se le estaba yendo el tren, ella respondía elocuentemente a su manera.

—Y yo para qué quiero un inútil de marido, aquí hay puro huevón que nomás quiere comer y ponerse a engendrar hijos y después no ayudar en nada, estoy mejor así.

Casta era la encargada de cocina y aunque había algunos trabajadores que decían que era trabajo fácil, la verdad era que la cocina de la hacienda era una de las más ocupadas de la región, la actividad principal de la hacienda era la vinícola por lo que siempre se mantenía ocupada dando de comer a muchos jornaleros, además de las actividades que ya tenía asignadas, como ayudar con los niños a Isabel, por lo que los días empezaban muy temprano y terminaban muy tarde.

–Casta, asegúrate de que sea la última vez que escucho mencionar esos comentarios, no voy a permitir que calumnien el honor de mi prima Esther en esta casa.

–Sí señora, es la última vez que sucede algo así.

Pero los chismes son como el chocolate caliente, siempre tenemos ganas de más, por lo que Isabel, astutamente pidió ir a la ciudad con la excusa de que necesitaba ver unos pendientes en el mercado y así fue como aprovechó para cerciorarse de lo que había escuchado. Entonces, estando allá en el mercado,

–En un momento regreso Ignacio, asegúrese de que este toda la mercancía cargada y que no vaya a faltar nada como la última vez, regreso en un momento. –ordenó a sus peones Isabel.

–Señora, no quiere que la acompañe, no puede ir por ahí sola –preguntó Ignacio.

–¡No! dije que voy sola.

Así Isabel comenzó su trayecto hacia la sastrería y aunque siempre se mostraba valiente y fuerte, en ese momento sentía muchos nervios por lo que fuera a descubrir.

—Adelante señora, ¿en qué podemos ayudarle? – preguntó amablemente el hombre detrás del mostrador.

—¡Buenos días! Disculpe que lo moleste, me gustaría saber si se encuentra Adela.

—Una disculpa mi niña, Adela no se encuentra en estos momentos, salió a dar una vuelta al jardín con un pretendiente, buen muchacho según lo que platica ella, se va a hacer cargo de la creatura que viene y de este niño, —el hombre señaló a un niño pequeño que se encontraba con él en ese momento.

Por supuesto que no era necesario preguntar de quien era esa creatura pues era la viva imagen de Pedro.

—Pero quizás la pueda encontrar en San Marcos, casi siempre van ahí.

—De acuerdo, muchas gracias por su ayuda.

—¿Quién digo que preguntó por ella?

—Una amiga, gracias.

Isabel salió decidida a confrontar a Pedro y dejarlo en ridículo frente a todos y así habría sido si no hubiera tenido corazón de pollo y sentido lástima por aquella pobre mujer, por lo que decidió simplemente dar media vuelta e irse. Pero fue cuando la suerte le sonrió y puso a Pedro frente a ella, se veía tan falso como lo era frente a la gente, aparentando ser un buen hombre de buenos modales, si bien todos sabían que Pedro estaba casado, eso no evitaba que se pavoneara con Adela, con la excusa de que eran amigos de toda la vida y él se preocupaba por su bienestar.

Isabel estuvo a punto de correr hacia él, pero como la mujer astuta que era, decidió sentarse en una banca y esperar a tenerlo frente a ella y así fue, centímetros antes de que pasara frente a ella, dejó caer su bolso mientras se levantaba y como era de esperarse Pedro, como el caballero que era ante la sociedad, le ayudó a levantarlo, cuál fue su sorpresa al ver el rostro de la dueña de ese bolso.

Pedro se puso pálido después de ver a Isabel, sólo se quedó inmóvil como estatua al lado de Adela, quien un poco desconcertada no supo cómo tomar la reacción de Pedro, esa pequeña acción bastó para dejarle un claro mensaje a Pedro y asustarlo; después de ese breve encuentro, Isabel regresó a la tienda en donde ya la estaban esperando para regresar a la hacienda, habían avanzado unos cuantos metros cuando Pedro llegó corriendo, haciendo que se viera muy desalineado.

—¡Isabel, espera! —gritó Pedro —necesito hablar contigo —decía con la respiración entrecortada por la falta de aire por haber corrido para alcanzarla.

—Hola Pedro, que sorpresa verte, ¿qué haces por aquí? ¿quieres noticias de tu esposa e hijos?, ellos están bien, los bebés crecen grandes y fuertes, aunque estarían mejor si fueras a la hacienda a verlos y te quedaras una temporada con ellos ¿no lo crees?

—Isabel, necesito en verdad hablar contigo, necesito aclarar las cosas, no quiero que pienses que yo … eso que viste no es … cómo te digo. —Balbuceaba Pedro, no podía terminar las frases que quería decir por los nervios que sentía en ese momento

—Estaré encantada de poder platicar contigo, pero no aquí ni en este momento, te espero en la hacienda, ahí podremos conversar sin que nadie nos interrumpa y aprovechas para ver a tu esposa e hijos. — Le dijo Isabel mientras reanudaba su camino.

El día después de que Isabel estuviera en la ciudad, Pedro se presentó en la hacienda, por supuesto que fue una sorpresa verlo ahí, por lo que sospeché que algo había acontecido para que se presentara por su propia voluntad.

–¿Le pasó algo a Pedro Ismael? –Pregunté preocupada ya que durante mi avanzado embarazo Pedro no se había parado ni un solo día por la hacienda.

–Jamás cambiaras Esther, siempre tan dramática, ¿que no puedo venir a ver a mi princesa y ver cómo están mis próximos hijos? –Pedro se acercó a acariciar mi abultada panza para hablar más de cerca a los bebés , luego preguntó –¿Dónde está Adriana? Tengo muchas ganas de verla, le traje unos regalos.

Durante su estadía, Pedro siempre buscó la manera de poder tener alguna plática en privado con Isabel, quien lo evitaba sin ningún disimulo, cada vez que veía que se iba acercando a ella, encontraba la manera de ocuparse o figurar que estaba muy ocupada dando más tiempo a la ya penitente presencia de este. Pedro ya tenía dos semanas buscando la oportunidad de hablar con Isabel sin lograrlo, hasta que por fin pudo tener la conversación que tanto anhelaba, sin ser esta de la mejor manera.

Mientras Isabel se encontraba caminando por los pasillos de la casa, Pedro la empujó con todo su cuerpo contra una habitación cerrando las puertas de inmediato para evitar que cualquiera los interrumpiera en ese momento.

–¡Hay Pedro! Eso no era necesario, me dolió, además como si estuvieras tan delgado –le decía Isabel enojada mientras se sobaba el brazo.

–Esto no hubiera sido necesario si no me hubieras evitado todas estas semanas, necesitamos hablar –decía Pedro.

–¿Qué quieres hablar Pedro? Ah, ya recordé, acaso es del tema de tu amiguita, aquella con la que te vi en el jardín, ¿te refieres a eso?

–Sí, necesito aclararte las cosas, no quiero que pienses algo que no es, Adela simplemente es…

–Así está la situación Pedro –lo interrumpió Isabel –yo vi las cosas, sé cosas y supongo cosas y casi nunca me equivoco en mi intuición, te voy a decir que va a pasar si no quieres que toda la ciudad sepa la verdad acerca de quién es el papá de esos niños y tus adorados padres dejen de financiar todos tus gastos. Vas a terminar esa relación y nunca más volverás a ver a Adela, si no me encargaré de que tu herencia se esfume tan rápido que no tendrás ni tiempo de recuperar algo.

–¿¡Cómo te atreves a hablarme así!? Tú no eres nadie para amenazarme. –Pedro se acercó hacia Isabel como si quisiera golpearla.

–Atrévete a ponerme un dedo encima Pedro y veras cómo no llegas a la puerta, en esta hacienda tú no tienes ningún poder, aquí las cosas no se hacen como tú quieres, se hacen de otra manera –dijo desafiante Isabel.

–Ya veremos quien tiene más pantalones prima, si crees que me voy a quedar de brazos cruzados estas muy equivocada, crees que porque te dieron poquito poder vas a poder igualarme, no se te olvide que eres una simple mujer que no vale nada y como te lo dije cuando te llevaste a Esther, en la ciudad cualquiera puede tener algún accidente y más las mujeres como tú –Pedro tomaba del brazo a Isabel mientras le decía aquellas amenazantes palabras evitando que se zafara por más que forcejeó.

En ese momento Casta abrió las puertas viendo aquella escena fijamente, apenas iba a decir una palabra cuando Pedro salió rápidamente aventándola a su paso y gritándome.

–¡Esther! ¡Esther!

–Dime Pedro, no es necesario hablar en un tono alto –le contesté desde el patio central

–Me voy, dile a Claudia que empaque mis cosas, parto en una hora

–Pero por qué, creí que te quedarías hasta que nacieran los bebés.

–No tengo tiempo para eso, cuando nazcan manda llamar por mí, hay cosas que tengo que hacer en la ciudad y no puedo perder más tiempo y se marchó.

Se despidió de Adriana con un simple beso en las mejillas, no fue aquella persona que llegó, esta vez se iba siendo él mismo sin nada de máscaras.

XV - Horacio y Elías

Habían pasado meses antes de que Pedro regresara a la hacienda, suponía que se debía a la repentina pelea con Isabel y aunque me sentía aliviada de no tenerlo todo el tiempo ahí, una parte de mí se sentía abandonada y comenzaba a creer los comentarios que decían en la casa acerca del supuesto amorío que Pedro tenía con alguien más.

A pesar de que las provisiones no eran tan bastas como los primeros días, Adriana y los pocos criados que teníamos, nos las habíamos arreglado muy bien para sobrellevar la situación. Gracias a que Legarda, nuestra cuidadora de planta, había comenzado a cosechar ella misma los alimentos que se requerían hacia un par de años, las verduras y legumbres no escasearon durante esos días.

Cuando Pedro regresó a casa, los niños no dejaban de gritar por su regreso, emocionados por los dulces y regalos que traía con él, mi estómago comenzó a dolerme mientras atravesaba el patio central para acudir a su regreso, mis entrañas anticipaban la noticia que estaba por darme Pedro. Mi sorpresa fue grande pero no totalmente ajena cuando me presentó a dos niños, uno un poco mayor que Pero Ismael,

117

aproximadamente de nueve años y el otro de la edad de Adriana, ambos estaban tomados muy fuerte de las manos, les podías notar la incomodidad en sus rostros, venían muy bien vestidos y peinados.

No era necesario preguntar quiénes eran, sin embargo, cuando vi al pequeño, no pude evitar recordar que hacía muchos años atrás, tuve la oportunidad de conocer a quien suponía era la madre de esos niños.

—Mira lo que te traje a ti también, —decía Pedro mientras buscaba en un viejo baúl algo, —sé que te gusta el color rosa y lo vi y me gustó para ti, ten, pruébatelo, —y me puso en las manos aquel vestido tan poco favorable. —Espero que te guste, porque traigo otras cosas en este baúl que quizás pudiera quedarte, sólo es cuestión que elijas lo que quieras y lo demás lo puedes dar.

—¿Crees que trayendo estas ropas voy a ignorar que traes también a dos niños? —Pregunté con tono neutro sin dejar salir mis sentimientos —dime cómo crees que estos vestidos van a hacer que deje de ver a esas creaturas que claramente son tus hijos Pedro, me puedes decir de dónde los sacaste y ¿dónde está la mamá de esas creaturas? —Mi tono de voz comenzaba a subir cuando sentí la mano de Pedro sobre mi brazo tratando de ocultar la rabia frente a los niños. Me paró y entonces se dirigió a mis hijos.

—Adriana, ven acá, a partir de hoy Horacio y Elías se quedarán a vivir con nosotros, ellos no tienen mamá y nosotros los vamos a querer como si fueran de nuestra familia, ahora vayan y enséñales sus cuartos. – decía Pedro muy efusivo mientras yo caminaba hacia el jardín trasero para poder entender lo que iba a pasar.

Detrás de mí, Pedro hablaba y hablaba dando explicaciones, mi mente estaba en otro lugar y así hubiera seguido estando si Pedro no me hubiera zangoloteado para hacerme entrar en razón.

—¿Escuchaste todo lo que te dije?, ¿qué querías que hiciera? ¿Que los abandonara como perros?, por supuesto que no, son mis hijos y ahora también son tuyos. –Exclamó Pedro

—¿Y Adela? –Pregunté con la mirada puesta en los encinos que rodeaban nuestra propiedad.

—Ella … no pudieron … yo …, –titubeaba Pedro hasta que tomó aire para poder recomponerse – ella murió a causa de la gripa, encontraron a los niños al lado de su cuerpo después de tres días.

Adela fue una de las tantas víctimas que la gripa había dejado a su paso, llevaba mucho tiempo sin escuchar de ella, la última vez que la vi fue el día que se presentó en la casa buscando a Pedro hacía ya nueve años.

Como era habitual, Pedro tomó la decisión y yo no pude más que aceptar. Los días fueron transcurriendo mientras yo me adaptaba a mi nuevo rol de madre de dos niños que no conocía, para mi buena suerte aquellas pequeñas personas se habían adaptado tan bien y tan rápido a nuestro estilo de vida que no hubo necesidad de hacer cambios a nuestra rutina, mientras nosotros vivíamos en nuestra pequeña burbuja alejados de la ciudad.

XVI - La muerte de mi suegro

Los días fueron transcurriendo y aquellos que no tenían posibilidad de escapar a otros lados, cuando fallecían, sus cuerpos se iban acumulando poco a poco, el gobierno recogía los cadáveres en las carretas que estaban disponibles sin embargo no eran suficientes para las numerosas pilas que se veían en las calles, tuvimos que regresar antes de lo planeado ya que una de las victimas que cobro la gripa fue mi suegro.

Cuando Pedro se enteró de la lamentable noticia hizo que todos empacáramos lo más rápido posible, no nos dio tiempo ni de recoger la mesa cuando ya nos encontrábamos de regreso a la ciudad. Entró a la casa de sus padres como si nadie lo estuviera acompañando, tuve que arreglármelas para poder bajar a todos sin que ninguno saliera corriendo sin embargo eso no fue posible.

Adriana corrió entre gritos y risas para mostrarle a Horacio y a Elías la casa tal como cualquier niño lo haría, sin embargo, ninguno contaba con que doña Josefa no se encontraba de humor.

–¡Que es este escándalo! –Exclamó con tono molesto, –Este no es un chiquero para que puedan ir corriendo como les dé la gana, que no ven que nos encontramos de luto, guarden silencio que tenemos que respetar la partida de su abuelo. ¿Y esos quiénes son? –preguntó Doña Josefa al ver a dos niños que no eran conocidos para ella.

Pedro la apartó al estudio para explicarle la nueva situación y cómo iba a funcionar la dinámica familiar a partir de ese día.

–Pues es lo mínimo que Esther podía hacer, después de no haberte dado más hijos, bien se lo advertiste que si no te daba más tu ibas a buscar por tu propia cuenta, estoy segura que nuestro Señor Jesucristo no te juzgara ya que está escrito en la ley que una mujer que no pueda tener descendencia no sirve y el hombre tiene que buscar quien le pueda dar más hijos, –decía doña Josefa mientras caminaba y gritaba para que pudiera escuchar su sentir al dirigirse a la sala, luego daba indicaciones a Claudia y Azucena para que mantuvieran a los niños en el patio,

Lo que yo desconocía era que el cuerpo de Don Antonio aún se encontraba en la casa, esperando la sagrada sepultura, el panteón estaba tan lleno de personas en esos días que no era recomendable hacer sepelios tradicionales y por supuesto que la Familia De la Torre no iba a permitir que la sepultura de don Antonio pasara desapercibida.

Durante las dos semanas que el cuerpo de don Antonio quedó resguardado en la sala, un hedor repulsivo comenzaba a expandirse por toda la casa, los niños y yo tratábamos de estar la mayor parte del tiempo en el jardín ya que durante nuestra ausencia había perdido todo su encanto, todos tratábamos de cooperar e irnos conociendo más poco a poco, Pedro Ismael se nos había unido después de escuchar como sus hermanos corrían muy contentos, lo que hizo que olvidara por un lapso la tristeza de haber perdido a un abuelo al cual consideraba más un padre, mientras que Pedro sacaba sus sentimientos a través de la bebida, siempre justificado por su madre.

Después de la sepultura del cuerpo de don Antonio la dinámica de la casa cambió, Pedro tomó el papel de patriarca, sin embargo, quien estaría a su lado no iba a ser yo sino doña Josefa, quien en conjunto permitió que todo aquello por lo que don Antonio había luchado se fuera perdiendo poco a poco.

Cuando la ciudad comenzó a recobrar su normalidad, la realidad se hizo presente y nos mostró cuantas familias habían quedado incompletas, vecinos, amigos, conocidos todos tenían a alguien que se había ido de un momento a otro.

Mis padres por su lado decidieron regresar a la ciudad después de que mi madre le hiciera la vida imposible a mi padre en la Hacienda y aunque Isabel y Emanuel insistieron para que se quedaran pudo más el carácter recio de mi madre antes que la salud de mi padre, cosa que agradecía ya que como consecuencia del encierro mi mente comenzaba a jugar con pensamientos que no eran propios de una madre y el cabello comenzó a caerse nuevamente por lo que comencé a usar pañuelos más seguidos para disimular mi pérdida de cabello, accesorio que molestaba de sobremanera a mi suegra la cual me lo hacía saber en cada oportunidad que tenía.

Recordé el consejo que años atrás el doctor me había dado.

—Señora yo le aconsejo que se busque una actividad digna de una buena dama, si usted quiere mejorar no debe de exponer a su cuerpo ni a su mente a actividades bruscas, trate de hacer lo mínimo posible.

Así fue como decidí un día comenzar a renovar el nulo jardín de flores que tenía en su casa, es maravilloso como con agua y buena mano se puede mejorar cualquier pedazo de tierra y convertirlo en un hermoso espacio lleno de aromas, donde congeniaban diferentes tipos de fauna.

Mis padres decidieron que ahora que Pedro ya no tenía tiempo para hacerse cargo de la Tienda, mi hermana Trinidad junto con su esposo fueran los que se encargaran de ella.

Trinidad y Eudave se habían casado en una boda fugaz o al menos era así como lo llamaba mi madre, antes de que el confinamiento comenzara, un día decidieron presentarse ante en padre en el Templo del Encino y unir sus vidas ante Dios sin nadie de las familias presentes, por supuesto que mi madre estaba completamente devastada ya que no podía permitir que la gente estuviera hablando de sus hijos, pero al contrario de lo que mi madre opinaba la familia de Eudave acogió muy feliz a mi hermana después de la boda por lo que una vez que ellos estuvieran al mando de la Tienda invitaron a trabajar a todos los que quisieran evitando así pagar a gente que no conocían y dejando las ganancias entre la familia.

Como parte de la buena fe de mi hermana y sabiendo que las flores eran parte de los rituales fúnebres comenzó a pedir que le llevara de las flores del jardín haciendo así crecer la variedad de productos que se vendían en esta, por supuesto que las ganancias que obtenía de la venta de estas fueron acaparadas por Pedro ya que como buen relojero pasaba a recoger puntualmente el dinero sin darme oportunidad de ver un solo peso de mi trabajo, claro que Trinidad hervía en coraje cada vez que lo veía entrar a la tienda bien vestido aparentando ser un hombre de bien aunque para la familia no era más que un hombre sin futuro. Sin embargo, mi hermana Trinidad y su esposo, me dijeron que ellos guardaban más de la mitad de las ganancias de la venta de las flores en el banco y a mi nombre, sin que Pedro se diera cuenta, para que yo tuviera mis ahorros por cualquier cosa. Esos días en que los visitaba permitió que estrechara más mis lazos con mi hermana Trinidad.

XVII - La cobranza

Comencé a tener sospechas con respecto a nuestras finanzas porque Pedro no se limitaba en nada y se lo hacía ver a cualquiera, más nunca fueron tan tangibles hasta que un día unos hombres se presentaron a la casa sin ningún previo aviso.

–Buenas tardes señora –saludó un hombre muy bien vestido mientras se quitaba el sombrero cuando cruzaba el zaguán, –lamentamos molestarla en su hermoso hogar pero venimos buscando al señor Pedro Vázquez –comentó mientras con la mirada trataba de encontrarlo.

–Buenas tardes, puedo preguntar ¿quién lo busca? – pregunté un poco incomoda ya que al menos 4 hombres habían entrado junto con él sin permiso.

–Mire linda señora, se ve que usted es de buena familia y no quisiéramos que se viera envuelta en este tipo de problemas, así que usted se va a quedar aquí sentadita y no dirá nada, háblele a sus hijos, los quiero reunidos a todos aquí –ordenó el hombre.

Se disponían a realizar un embargo legal cuando la voz de doña Josefa se escuchó desde el segundo piso.

–¡Les ordeno que se retiren de esta casa inmediatamente! –gritó con voz firme.

–Mire señora, no queremos hacer más escándalo del que se necesita, así que hágame el favor de bajar y unirse a su adorada nuera –replicó el caballero.

–Yo soy la única que manda en esta casa, a mí nadie me da ordenes –dijo doña Josefa enfurecida.

Sin embargo, no había terminado la oración cuando dos hombres la sujetaron de los brazos y la obligaron a bajar, además de reunir a todos los demás que se encontraban en la casa ese día.

–Hagamos las cosas como personas decentes, sólo tomaremos lo que se nos debe y nos iremos –y mientras el hombre nos pedía con amabilidad que entregáramos las joyas que teníamos puestas, sus acompañantes comenzaron a esculcar la casa.

Se llevaron consigo los cubiertos de plata al igual que cualquier objeto de valor que encontraran, por suerte aquellas joyas que yo tenía, estaban muy bien escondida para que Pedro no las encontrara, por lo que ni ellos tuvieron la astucia de buscar más allá, una vez terminado el atraco se dirigieron nuevamente hacia nosotros y con un tono de voz de superioridad solicitaron que doña Josefa entregara el relicario de oro que traía puesto.

–Por favor señora, evíteme tener que usar la fuerza –solicitó aquel hombre

–Primero muerta antes de entregar el regalo de mi madre –contestó desafiante.

–Si usted insiste. –dijo aquel truhan.

Y cuando menos nos lo esperábamos, el hombre sacó su pistola y disparó, los niños comenzaron a gritar y a llorar despavoridos por aquella acción, traté de cubrirlos con mi cuerpo pero eran tantos que no abarcaba todo el espacio, una vez que se disipó el humo pude ver a doña Josefa intacta, aquella bala sólo había pasado al lado de ella incrustándose en la pared de adobe, pero pude ver en su rostro el miedo que le provocó.

–Por favor señora, –dijo el hombre extendiendo su mano exigiendo aquel bello objeto, –¿ve cómo por las buenas todo es mejor?

Una vez que salieron por la puerta, doña Josefa se desvaneció. Inmediatamente subimos a doña Josefa a su habitación, mandé llamar al doctor y ordené que las puertas de la casa se cerraran y puse vigilancia en cualquier posible entrada, aunque con los picos y palas que teníamos no íbamos a poder defendernos ante aquellas pistolas, no había pasado ni una hora cuando toda la cuadra se había enterado de aquel acontecimiento, mis padres junto con mi hermana Trinidad llegaron para auxiliarnos mientras que Pedro no llegaba, las horas pasaron y no había rastro de él.

Entrada la tarde aquel frenesí había disminuido casi por completo, el doctor nos había recomendado reposo para doña Josefa ya que como consecuencia de aquel amargo episodio mi suegra desarrolló una parálisis facial que se manifestó con la inmovilidad de la mitad de su rostro lo que disminuyó la capacidad del habla, pero no disminuyó su mal carácter, de hecho, apenas se vio en el espejo comenzó a maldecir a cualquier persona que estuviera a su lado, hubo que darle una inyección para mantenerla tranquila ya que no dejaba de aventar cosas provocando destrozos dentro de la habitación, cualquiera hubiera imaginado que dicha condición haría de ella otra persona, pero más que mejorar lo único que ella veía en el espejo era una decadencia de su estatus ante la sociedad hidrocálida.

Las horas pasaron y Pedro no se presentó hasta la mañana siguiente tan desalineado como era de esperarse, cuando entró a la casa se topó con una escena completamente diferente a la que él hubiera imaginado, su semblante quedó desfigurado al ver a su madre tumbada en cama con aquella condición, corrió junto a su lecho con lágrimas en los ojos, disculpándose por no haber estado presente, creí que esta vez doña Josefa por fin reconocería el problema de su hijo, sin embargo, ¿cómo iba a ser posible eso? si para ella Pedro era la luz de sus ojos por lo que sólo respondió a las incesantes disculpas diciéndole.

–Ya veremos cómo lo solucionamos.

Sin embargo, esa solución jamás llegaría a nuestro hogar.

Sandra Carolina Mata Villegas

XVIII - Cambios

Los años fueron transcurriendo y mientras los niños crecían, Pedro se volvía más y más derrochador de nuestro patrimonio, en ocasiones acudía a la tienda de mi padre solicitando un poco de efectivo a mi hermana Trinidad y su esposo, sin embargo no contaba con que las cosas habían cambiado desde hacía tiempo.

–¿Me puedes explicar por qué tu hermana Trinidad ya no me da la misma cantidad de dinero por la venta de flores? – me decía Pedro mientras entraba en el jardín donde me encontraba arreglando los rosales.

–Creí que te lo había comentado la noche anterior Pedro, Trinidad y Eudave tienen un par de meses que ya no venden tanto como las primeras veces – dije sin quitar los ojos de lo que me encontraba haciendo.

–No me habías dicho que tu hermana Trinidad y su escuálido marido ya manejan la tienda de tus padres.

–Creí que te lo había comentado la noche anterior, Trinidad y Eudave tienen más de cuatro años a cargo de la tienda, papá ya no es tan fuerte como antes y tu no quisiste hacerte cargo de ella.

–Pues debiste de haberlo olvidado, entre más vieja te haces más tonta te vuelves, –exclamó Pedro. – Necesito que les digas que en ocasiones voy a necesitar algo más de dinero y tienen que dármelo.

–Pedro, yo no sé si pueda, Trinidad es diferente a mis padres, ella no es tan maleable –le dije molesta.

–Alguna manera has de encontrar o ¿quieres que tus hijos pasen carencias?, además, ¿cómo quieres que traiga comida esta casa si el negocio no va como antes? hay días buenos y días malos, pero tú no entiendes de esto.

En ocasiones, Pedro llegaba con una buena cantidad de dinero resultado de las apuestas y les compraba a los niños dulces y algunos juguetes, pero en otras ocasiones en las que perdía, su temperamento cambiaba y se volvía más agresivo y trataba de desquitar su enojo con quien se le pusiera en frente.

Para mi suerte los niños habían crecido lo suficiente para comenzar a darse cuenta cuando Pedro me golpeaba por lo que las agresiones físicas disminuyeron, sin embargo no desaparecieron del todo, sus métodos se volvieron más crueles puesto que trataba de no dejar marcas en lugares que las personas pudieran ver, ahora a los golpes se le sumaron las agresiones verbales, mismas que no ocultaba ni delante de sus hijos, con el argumento de que una mujer necesitaba ser corregida para que se volviera una mejor mujer y madre.

Sandra Carolina Mata Villegas

XIX - La ciudad

La ciudad comenzaba a expandirse y más gente de otros estados llegaba a asentarse a pesar de la problemática en el país, el Estado era un punto de conexión a diferentes partes de la República y el ferrocarril era la vía principal de comunicación y transporte entre la gente.

En aquel día de verano como cualquier otro del mes cuando parecía que sería un día más, la noticia nos tomó a todos por sorpresa. La noticia estaba en todos lados, se había expandido tan rápido que no podíamos creer lo que había sucedido, el periódico informaba que siendo el 20 de julio de 1923, el Caudillo Pancho Villa había sido asesinado mientras manejaba su automóvil en Hidalgo de Parral Chihuahua, al parecer había sido emboscado, la nota detallaba con mucho escrutinio el suceso de aquel día.

—¿Ya supiste la noticia Esther? —preguntaba Pedro mientras entraba con el periódico en la mano a la casa caminando velozmente para enseñarme la primera plana. —¿Puedes creer esto?, por fin mataron a ese miserable, ya era hora que recibiera su merecido después de haber desterrado a Don Porfirio, el mejor presidente que este país podrá tener —y me pasó el periódico para que lo viera con mis propios ojos, –ve esta parte, mira lo que dice Obregón, ordena investigaciones, qué va a andar mandando ese canalla, ya se había tardado en acompañar a Carranza, verás cómo la suerte empieza a estar de nuestro lado a partir de hoy.

Apenas comenzaba a dar lectura a la redacción cuando mis ojos enfocaron con mayor detalle la fotografía que venía adjunta en primera plana, no podía creerlo, al lado del cuerpo de Pancho Villa había cuatro cuerpos más y reconocí al que ahí estaba, su cuerpo yacía a la izquierda del caudillo, ahí estaba el maldito de Luis, el que había casi matado a Sabina años atrás. No pude evitar sonreír de felicidad y al ver mi expresión Pedro, ignorando el porqué de mi alegría dijo.

–Lo sé Esther, yo también estoy muy contento con esta buena noticia, –mientras se servía una copa y brindaba por la memoria de Porfirio Díaz.

Por supuesto que la nota no mencionaba nada de los otros asesinados, todo iba dirigido a Pancho Villa y su carrera como revolucionario, pero para mí nada de eso importaba, lo más importante era saber que esa persona postrada al lado del cuerpo de Villa ya no le haría daño a nadie y por fin Sabina había obtenido su venganza y que mejor venganza que no ser recordado por nada ni por nadie y simplemente quedar en el olvido como un hombre más que murió, pero para mí siempre quedaría como aquel canalla que lastimó a mi Sabina y que por fin la vida le había cobrado todo el mal que había esparcido en este mundo y sólo sería un número más de todos los muertos que la guerra había dejado.

Los niños habían comenzado a verse cada vez más adultos con el pasar de los años, era una sensación agridulce ver cómo dejaban de ser mis niños para convertirse en otras personas, sabía que no tardaban en comenzar sus propias vidas lejos de la casa materna, una parte de mi estaba feliz de verlos convertirse en hombres y mujeres de bien pero otra parte de mi quería que se quedaran como aquellos inocentes niños que dependían cien por ciento de mí y mientras pensaba cómo sería su futuro.

Un sentimiento comenzó a apoderarse de mis pensamientos inundando mi cuerpo de un terrible miedo, en un inicio no lograba reconocer la fuente de aquel sentimiento y para evitar que mi cabeza me comenzara a doler caminé hacia el jardín esperando que el olor a rosas me tranquilizara como normalmente lo hace, aquel sentimiento comenzaba a desvanecerse cuando una imagen captó mi atención, logré ver a lo lejos como Pedro Ismael caminaba con pasos apresurados los límites del jardín.

Al principio creía que quizás había olvidado algún libro y que regresaba por él, cuál fue mi sorpresa al ver aquella terrible secuencia de actos, observé cómo levantó por la cola a un gato mientras este se retorcía intentando liberarse, aquella pequeña bestia logró rasguñar la mano de su captor haciendo que este lo soltara. Luego Pedro Ismael, tras ver cómo su piel había sido traspasada por aquellas diminutas garras, supuse que liberaría al animal y proseguiría a la casa, pero para mi sorpresa, volvió a tomarlo, esta vez con más fuerza y coraje. Lo tomó del pescuezo y vi cómo lo azotaba sobre la tierra, no pude evitar notar como su cara dibujaba una sonrisa tan maquiavélica que erizó mi piel y entonces comprendí aquel sentimiento que se apoderó de mi momentos antes, por fin pude ponerle un nombre a lo que sentía y era miedo a que alguno de mis hijos heredara aquel carácter oculto de Pedro y entonces supe que mi hijo aquel al que no pude cuidar porque me fue arrebatado llevaría la herencia del apellido Vázquez De La Torre.

XX - Raúl Franco

Habían pasado muchos años desde la última vez que nos vimos, su cabello comenzaba a llenarse de destellos blancos, pero no lo suficiente como para parecer mayor, era elegante en su forma de vestir y hablar, su sonrisa cautivaba a quienes se encontraban alrededor, yo entendía perfectamente porque Adriana se había enamorado de él, pero para mí, seguía siendo aquel muchacho de la escuela del que yo me había enamorado alguna vez.

Raúl Franco fue mi primer gran amor, un muchacho tímido pero curioso, su cara se tornaba del color de un tomate cada vez que reía o se ponía nervioso, la mayoría de mis compañeras de escuela adoraban hacerlo sonrojar y ver como trataba de disimularlo, yo disfrutaba ser su compañera en las actividades del salón de catecismo, era un muchacho muy listo y no teníamos dificultades a la hora de tener que presentar las tareas, fuimos vecinos de infancia y nos veíamos en las reuniones que teníamos con las familias, lamentablemente nuestros caminos fueron separándose poco a poco ya que mis padres decidieron que comenzara a cambiar mis amistades masculinas por femeninas puesto que eso podría asegurarme un mejor futuro, sin embargo Raúl siempre estaba cerca y al vivir uno al lado del otro siempre procurábamos convivir aunque fuera por poco tiempo.

Mis hermanos lo adoraban ya que le encantaba presentar sus trucos de magia frente a ellos y sus buenas acciones combinaban con su buen temperamento, en ocasiones escuché a mi padre decir que estaría feliz si Raúl y yo nos comprometiéramos ya que era como de la familia, comentario que era rechazado por mi madre inmediatamente.

—¿De verdad crees que Raúl puede mantener a Esther?, —le decía mi madre a mi padre mientras acomodaba la loza en el comedor, —es muy buen muchacho, pero no negaremos que su familia tiene ciertas carencias, carencias de las cuales Esther no está acostumbrada Julio, ¿o pretendes mantenerlos hasta el final de tus días?, porque si es así dudo mucho que vayas a durar demasiados años.

—Por favor Laura, la familia de Raúl no es tan humilde como tú crees, sin embargo, a comparación de tus demás amigas ellos no tienen la costumbre de andar presumiendo o haciendo ver a la gente todo lo que tienen, además no te has dado cuenta de cómo se miran mutuamente es claro que ambos se gustan, podríamos comenzar a hablar con la familia de Raúl. –Decía mi padre mientras encendía su vieja pipa.

–Por supuesto que no, te has vuelto loco, Raúl es y será siempre nuestra última opción, así que si llegas a escuchar alguna propuesta por parte de esa familia me la dices de inmediato para callar cualquier rumor.

Mi madre, como astuta casamentera, no permitió que Raúl volviera a acompañarme de regreso a casa, no quería que la gente nos relacionara y perdiera la oportunidad de encontrar un mejor partido. En ocasiones, al salir de catecismo, lo veía a lo lejos rodeado de sus amigos con su hermosa sonrisa y cada vez que pasaba de largo a su lado podía sentir como mi corazón se apachurraba e inundaba de tristeza, lloré todas las noches por un mes, fue la primera vez que sentí el corazón roto.

Como era de esperarse, poco a poco Raúl y yo dejamos de vernos, incluso en la colonia, supe por comentarios de mi madre, unos años después, que se había mudado al norte del país para continuar sus estudios, sin embargo, el destino nos volvería a reunir años más adelante en aquella fiesta de XV años de mi hermana Trinidad, dándonos la oportunidad de reencontrarnos, sin embargo, aquel encuentro fue efímero pues el destino no contaba con que mi madre ya tenía sus propios planes para mí.

—Pudiera reconocer esos rizos en cualquier parte del mundo —comentó una voz detrás de mí —es bueno verte nuevamente Esther, mira que te has convertido en una bonita señorita.

Giré un poco molesta al escuchar aquel picoso comentario y cuál fue mi sorpresa al ver a aquel que había robado mi corazón desde mi infancia

—¡Raúl Franco!, no puede ser, qué agradable sorpresa, mírate estas súper cambiado, me da mucha alegría verte, ¿Cómo has estado?

Comenzábamos nuestra actualización de vidas cuando mi madre me pidió ir al estudio sin saber que ese sería el día que me comprometería con Pedro, justo al salir del estudio, tomada de la mano del que sería mi esposo, mis ojos no pudieron evitar encontrarse con los de él para ver su tristeza en ellos y ver nuevamente cómo la vida nos jugaba en nuestra contra, entre los abrazos de felicitación y los buenos deseos, Raúl se fue retirando lentamente hasta que simplemente desapareció.

Años después de mi matrimonio en una de las visitas a casa de mis padres con los niños, me encontré con la sorpresa de que se encontraba ahí mismo la Sra. Franco.

–Esther, mira que maravillosa sorpresa, no me avisaron que vendrías –decía mi mamá con una sonrisa forzada –mira quien nos acompaña este día, la Señora Carmen de Franco, la mamá de Raúl, no sé si la recuerdas.

–Claro que me acuerdo de la Sra. Franco, es un gusto volver a verla señora, ¿cómo han estado sus hijos? –pregunté amablemente.

–¡Maravillosamente!, la vida es muy buena con nosotros, todos mis hijos ya están casados y comenzaron a formar su familia, todos los domingos mi casa parece un jardín de niños de tantos nietos que tengo, aunque un poco triste ya que el pobrecito de mi Raúl aún no puede tener hijos, por más que le he pedido a Dios, nada más no se nos concede el milagro, creemos que es la muchacha la que tiene un problema.

Raúl se había casado con una enfermera del hospital en donde trabajaba, hacía ya unos años, de hecho muchos de nosotros creíamos que se quedaría soltero toda la vida puesto que no se le veía con intenciones de formar familia, la boda fue algo rápida y modesta para los estándares de la sociedad, sin embargo después de todas las vidas que se había llevado consigo la Gripe Española, no quiso posponer más su matrimonio. Luego, nadie en la ciudad lo había vuelto a ver después de mi fiesta de compromiso, la invitación que mandamos para nuestra boda al domicilio que nos había compartido su mamá, fue devuelta por el correo.

No fue hasta aquel día en el que Adriana nos presentaba al hombre con el que estaba saliendo, cuando nos volvimos a rencontrar.

−¡Claudia, Azucena! alguien puede ir a abrir la puerta que están tocando −les gritaba desde el patio central mientras veía que nadie en toda la casa escuchaba la campanilla de la puerta principal, − ¿dónde están estas niñas?

Me acerqué para abrir la puerta y al verlo después de tantos años mi cuerpo no pudo ocultar el asombro, era Raúl Franco, yo casi me desmayo de la sorpresa.

−Esther te sientes bien, siéntate un poco, −y muy amablemente me guio hasta la banca del zaguán en donde me colocó junto con el ramo de flores que traía consigo.

–Necesito descubrir un poco tu muñeca para sentir el pulso –no hables mientas te reviso.

Cuando levantamos ambos la mirada, vimos una escena de película, estaba Pedro parado al lado de nuestra hija con expresión de asombro y enojo a la vez, Adriana con cara de duda, pero ambos sin decir nada.

–¿Mamá te encuentra bien? ¿Qué paso?, necesitas agua, ¡Claudia!, trae un poco de agua para mamá –pedía Adriana mientras no apartaba la mirada de la escena, –vaya que es una manera poco común de presentarlos, pero mamá, papá, les presento al doctor Raúl Franco, mi prometido.

Sandra Carolina Mata Villegas

XXI - Nupcias de me hija Adriana

Pedro y yo no podíamos aceptar que nuestra hija estaba saliendo con un hombre que pudiera ser su padre.

–Adriana, te das cuenta de que el doctor es mucho mayor que tú, ¿qué ventaja pretendes sacar de esa relación?, además, ¿qué no has escuchado que su esposa murió hace poco y tiene un hijo?

–Papá, Raúl es un buen hombre, claro que he escuchado todo eso y no sólo de la gente, sino de él mismo, su esposa murió al dar a luz y por supuesto que sé que es mayor que yo, pero yo lo quiero y sé que él me quiere, por eso quise que se conocieran, porque queremos casarnos

–¡Qué! ¡Estas loca!, ¡dile algo Esther! ya que todo esto es tu culpa, tú y tus ideas modernas de permitirle salir, estudiar y conocer gente, más te vale que arregles esto. –Gritaba Pedro mientras salía de la habitación.

–Papá, mi mamá no tiene nada que ver en esto, yo me enamoré de Raúl y queremos estar juntos.

Como era de esperarse, debido al carácter firme de nuestra hija, todo aquello que dijimos e hicimos para tratar de convencerla de no unirse en matrimonio con Raúl no funcionó y un mes después, estaba toda la

151

familia reunida en la iglesia presenciando en enlace matrimonial de mi hija.

Si bien era mal visto que una hija brincara en casarse al hermano mayor, a Adriana le tenía sin cuidado lo que la gente pensara, además, ella no sacrificaría su felicidad sólo porque Pedro Ismael se reusaba a contraer nupcias con alguna buena señorita, era bien sabido por la mayoría de las personas que Pedro Ismael se había vuelto un hombre muy derrochador, más que su padre, además de violento porque no ocultaba ante la gente aquellos arranques de violencia.

Poco tiempo después de la boda nos dieron la noticia de que seriamos abuelos

¿Abuela yo antes de los cuarenta?, eso sí que me sorprendió.

Todavía no terminaba de criar a mis propios hijos y a los que no lo eran también, cuando ya empezaba otra nueva etapa en mi vida.

La gente comenzó a hablar como era su costumbre, poniendo en duda la educación que le dábamos a nuestros hijos, así como la posición económica que aun ostentábamos, a pesar de que las tierras con las que contaba la familia de Pedro se redujeron en gran medida después de la Reforma Agraria y aunque no fuimos la única familia afectada, si fuimos una que no supo entender lo que eso significaba, ni el presente ni en el futuro.

En aquel tiempo, Pedro, trató siempre de recurrir a las instancias adecuadas para poder recuperar lo que la familia de Doña Josefa había tenido por generaciones y con lo cual obtenían los ingresos para poder darse aquella vida de excesos, sobre todo Pedro, sin embargo, con todos aquellos cambios que se estaban suscitando en el país así como las nuevas leyes, fue imposible recuperar nada, aún con los papeles en la mano, por lo que al pasar los años, la economía que vivíamos en esos momentos se había vuelto un tanto preocupante, lo que llevó a varias discusiones entre Pedro y yo, pero cansados de no ver una solución, llegamos al acuerdo de que era necesario que vendiéramos los terrenos que nos habían heredado su padre, por supuesto que me opuse a tal acción, sin embargo mi voz no tenía ninguna validez ante la las decisiones de doña Josefa y Pedro y así fue cómo todos aquellos terrenos, paso a tener otros dueños y a pesar de que con aquella venta obtuviéramos buen dinero, no era suficiente para cubrir todas las deudas que se habían ido acumulando con el pasar de los años.

Para mi buena fortuna, mi prima Isabel, siempre firme con la decisión de mi abuelo de ayudar a la familia, se ofreció a ayudarnos después de que casi tuve que rogarle que le diera la oportunidad a Pedro de demostrar que no era sólo un niño rico.

Días antes de nuestra partida a la hacienda las exigencias de doña Josefa se habían vuelto cada vez más incumplibles, solicitaba trabajos exhaustivos de limpieza, en una ocasión solicitó que los techos de la casa fueran limpiados, haciendo que la servidumbre tuviera uno que otro accidente mientras trataban de encontrar las telarañas inexistentes que los ojos de doña Josefa veían, era de esperarse que Pedro no abandonara a su madre y menos en las condiciones en las que se encontraba y aunque todo el camino estuvo dejando muy en claro sus opiniones y todo aquello que no permitiría en cuanto llegáramos a la hacienda de Isabel, todo aquello quedaría como palabras al viento, puesto que una vez que fuimos recibidos por Isabel y su familia, nos informaron que mi suegra estaría bajo el cuidado de Casta el tiempo que fuera necesario, no pude evitar sonreír para mis adentros ya que sabía que

Casta era un hueso duro de roer y no era fácil de persuadir.

La hacienda se había vuelto muy productiva desde la última vez que estuvimos gracias a la acequia que venía desde la hacienda del Ojo Caliente que proporcionaba de agua a la mayoría de la ciudad y que se utilizaba para el riego.

Si bien Isabel había aceptado ayudarnos para que Pedro ayudara en la hacienda y que así pudiera recibir un salario, sabía perfectamente que Pedro no aceptaría un trabajo por debajo del administrador, pero después de varias noches de insomnio, decidió que lo mejor sería que ayudara con las negociaciones fuera del Estado, si bien era un tanto arriesgado conociendo su temperamento y maneras de despilfarrar en gastos superfluos y sobre todo, su adicción al juego, no hubo más que ceder un poco, ya que Isabel estaba segura que Pedro no sería lo suficientemente capaz de aguantar la presión que con el tiempo esta responsabilidad exigiría y así se lo hiso saber.

Pedro, fiel a su orgullo no permitiría que Isabel hablara mal de él, ni ella ni nadie, por lo que se tomó muy en serio su nuevo trabajo. Viajaba mucho a la capital y al norte del país, si bien no había conseguido los mejores tratos para la venta de los productos de la hacienda, si fueron más de los que Isabel llegó a pensar que lograría, haciendo que la relación entre ellos mejorara un poco ya que las únicas pláticas que tenían eran referentes a los negocios.

Emmanuel trataba de no meterse en esos asuntos, sólo lo hacía cuando se requería separarlos después de que las discusiones escalaran más de lo habitual, aunque al final, Isabel acababa felicitándolo por los logros alcanzados por él, cosa que fue suavizando sus discusiones.

En uno de los viajes que Pedro tenía planeado para ir a la capital, decidió llevar a doña Josefa, pues que veía que su madre no era muy feliz en la hacienda, sobre todo después de que Casta le prohibiera pegarle a las muchachas de la cocina por dejar el arroz demasiado recocido, según su parecer.

Si bien en ocasiones me disculpaba con Casta esperando que esta no fuera a renunciar a su encomienda, ella siempre me decía muy divertida y como regañándome.

—Niña Esther, ya deje de pedirme disculpas a cada rato, hasta parece que usted trabaja para mí, además, si esa doña Josefa cree que me va a romper, no sabe de qué madera estoy hecha, soporte los castigos de mi madre y de su abuela y mire que esos si eran aporreadas de las buenas.

Mientras nos despedíamos de Pedro y de mi suegra en la estación del tren, podía ver cómo Pedro Ismael estaba demasiado molesto por no haber sido considerado en ese viaje junto a su abuela.

—La próxima vez te llevaré hijo, pero esta vez le toca a tu abuela, pero prometo que te traeré algo de la capital —exclamó Pedro a nuestro hijo.

—Ya no soy un niño papá, puedo ayudarte en lo que tú me pidas, estoy harto que no me tomes en cuenta para que te ayude y prefieras llevar a la abuela en vez de a mí.

—Si quieres que te empiece a ver como un hombre, tienes que dejar de hacer berrinches cada vez que algo no te guste, compórtate como el hombre que dices ser y veré si me convences de ayudarme, ahora cuida a tu madre mientras volvemos y no dejes que nadie te haga menos en esa hacienda, recuerda que eres un de la Torre y nadie está por encima de nosotros. —Y después abordó el tren.

Sandra Carolina Mata Villegas

XXII - Doña Josefa se fue

Pasó el tiempo y ya esperábamos el regreso de Pedro y doña Josefa, horas antes del arribo del tren en donde estaba previsto que Pedro y doña Josefa regresaran, la noticia comenzó a correr como pólvora encendida, los rumores decían que el tren en el que llegarían había descarrilado a la altura de Guanajuato, otros que lo habían asaltado y los más trágicos decían que lo habían secuestrado para llevárselo a Veracruz.

Trascurrieron un par de días antes de que nos informaran que los pasajeros regresarían escoltados por los militares, ya que aún se encontraban en curso las investigaciones de lo que había sucedido en ese trágico acontecimiento, Pedro Ismael e Emanuel estaban tan tranquilos platicando de las nuevas mejoras que querían implementar para la cosecha, mientras mis nervios hacían que mi mente pensara lo peor, si bien Pedro nunca fue buen esposo ni padre, no me podía permitir dejar a mis hijos sin él.

El tren arribó y la multitud se aglomeró en la puerta principal para poder cerciorarse que sus familiares bajaran del tren, sin embargo, los militares no permitieron el paso y mientras algunos lloraban de alegría viendo los rostros de sus familiares, otros lloraban al ver que bajaban ataúdes, aún sin saber quiénes se encontraban dentro de ellos.

Emanuel se encontraba de pie al lado mío mientras veíamos bajar a Pedro, no pude evitar tomarlo de la mano mientas suspiraba aliviada al verlo, pero ese sentimiento poco duraría al ver que mientras se acercaba hacia nosotros, detrás de él, venía el ataúd de doña Josefa.

Pedro no nos dirigió ni una sola palabra mientras subíamos el féretro en la carreta y podía ver cómo el rostro de mi hijo no podía evitar derramar sus lágrimas por quien consideraba su madre, me acerqué a él temerosa de su reacción, sin embargo, Pedro Ismael aceptó que lo abrazara y consolara, era la primera vez que mi hijo me mostraba sus sentimientos, ese simple abrazo arregló algo dentro de mí que no sabía qué hacía falta arreglar y mientras ambos permanecimos en silencio demostrando nuestro amor, pude sentir una mano sobre mi hombro rompiendo aquel maravilloso momento. Sentí un jalón brusco que me apartaba de Pedro Ismael mientras mi cuerpo caía al suelo. Al recomponerme un poco pude ver como Pedro propinaba una paliza a mi hijo sin que yo pudiera levantarme tan rápido para poder hacer algo.

Emanuel separó a Pedro de mi hijo sosteniendo a este con toda su fuerza, podías ver como la mirada de Pedro reflejaba un odio tan grande que su rostro se desfiguró, me acerqué a mi hijo tratando de protegerlo, pero este ya había recibido más de tres golpes en el rostro.

La gente se aglomeró a nuestro alrededor, fue tanto el bullicio que los militares se acercaron para ver que sucedía, mientras que Emanuel trataba de calmar la situación con tal de que nadie fuera llevado preso por aquel escándalo.

Emanuel nos trasladó hacia la casa, en cuanto llegamos, mandé un mensaje informando de la situación al mismo tiempo que daba órdenes para comenzar los ritos fúnebres.

El sepelio de Doña Josefa, a diferencia del de mi suegro, no fue tan concurrido, cualquiera pensaría que debido a la influencia que esta tenía, estaría rodeada de muchas personas, pero la realidad fue otra, éramos tan pocos los que nos encontrábamos ahí, que el sacerdote se sorprendió cuando salió a recibir el cuerpo.

Por supuesto que Pedro estaba inconsolable, abrazaba el ataúd con tanta fuerza que creímos que lo rompería, gritaba y preguntaba a Dios por qué le había arrebatado a su madre, por qué había permitido que pasara tal atrocidad, gritaba que se lo llevara a él también porque no podía vivir sin su madre, de vez en cuando maldecía dentro del templo por lo que el sacerdote sólo me fulminaba con la mirada esperando que yo hiciera algo para detener tremenda escena.

Por su parte Pedro Ismael se encontraba a mi lado sosteniendo mi mano y tratando de contener aquella tristeza que inundaba su corazón.

—Este es el momento ideal para que puedas sacar todas tus lagrimas hijo – susurré a su oído mientas el sermón estaba en curso.

A lo que él respondió con un movimiento de su cabeza y las lágrimas comenzaron a rodar sobre su rostro.

Una vez terminado aquel rito nos dispusimos a llevar el cuerpo al panteón de la Cruz, Pedro dispuso que su madre descansara junto al cuerpo de su difunto padre, al cual no visitaba desde su muerte, si no fuera porque mandábamos limpiar aquella lapida una vez al mes, aquel espacio parecería una selva de tanta maleza.

Mientras bajaban al sepulcro el cuerpo de Doña Josefa, mi alma sintió cómo se liberaba de un peso que había cargado desde el día que nos presentaron en aquellos quince años de mi hermana, escapándoseme una pequeña sonrisa al saber que, al final, la justicia de Dios era más grande que la humana.

Toda la familia regresó a casa, mi madre junto con Isabel fueron a la cocina a revisar que la comida que se daría a las personas que fueran a dar el pésame estuviera lista y mi padre se enfiló hacia el jardín con todos los niños para evitar que se estuvieran atravesando entre la gente.

Dentro de la casa, el luto levantaba paredes infranqueables, Emanuel y yo recibíamos las condolencias de todos los que llegaban a nuestra casa pero Pedro se fue a encerrar en el estudio, exigiendo que nadie lo molestara hasta que toda la gente se hubiera ido, que no quería ver a nadie. Mientras tanto, afuera era tanta la alegría de los niños, que terminaron construyendo, junto con mi padre, un pequeño fuerte con el material que encontraron y jugaban divertidos.

Cuando la última persona se retiró ya pasaban de las diez de la noche, por lo que Isabel ordenó que todo se dejara para mañana, que ya era muy noche y necesitábamos dormir, por lo que subí a mi cuarto sin darme cuenta si Pedro aún se encontraba en el estudio.

Claudia me ayudo a desvestirme y me metí en la cama, quedándome profundamente dormida.

Cuando desperté ya estaba muy iluminada la habitación, rápido me levanté y salí buscando a Claudia con la intención de reclamarle el qué nadie me había despertado.

–Te veías tan cansada que no tuve el valor de despertarte prima – comento Isabel mientras se aseguraba de que todo estuviera en orden en la cocina.

–Pedro … ¿alguien vio a Pedro? No sentí que subiera a dormir anoche, –pregunté mientras Claudia me pasaba la bata para cubrirme la pijama.

–Creí que estaba en su habitación, –respondió Emanuel, –no está en el estudio y no lo vi salir en la mañana.

Todo ese día mandé buscar a Pedro a los lugares que frecuentaba y en lo que me imaginé pudiera estar, pero no apareció. A pesar de que era muy necesario que Isabel y Emanuel regresaran a la hacienda, decidieron quedarse un par de días más para buscar a Pedro, pero no hubo éxito, mis preocupaciones aumentaron al no tener ninguna señal de él, sobre todo conociéndole y la pena que le embargaba.

Mis padres habían decidido mudarse definitivamente a la hacienda, a su rancho, ya que los agobios de la ciudad comenzaba a ser más y más grandes y ya no encontraban cómodo vivir ahí. A diferencia de hacía años atrás, esta vez mi madre aceptó de buena gana, ya que estaría más cerca de sus nietos y podría descansar el tiempo que le quedara de vida disfrutando de ellos. Isabel y Emanuel partirían junto con ellos para poder hacer más placentero el viaje y evitar que mi madre cambiara de opinión. Mi papá, aunque sabía que dejaban la tienda en buenas manos, el sentimiento de preocupación jamás le abandonaría.

Sandra Carolina Mata Villegas

XXIII - El veneno derramado

El día de la mudanza todo estaba listo desde muy temprano, Isabel sugirió que mis hijos también partieran con ellos, puesto que Pedro seguía sin aparecer y no quería que ellos se preocuparan o que cuando apareciera, la agarrara contra ellos, además, sus abuelos requerirían de ayuda con la mudanza en el rancho. Yo me quedaría a esperar el regreso de Pedro un par de semanas más, además de ir arreglando las cosas que se venderían de lo que le pertenecía a la enorme casa de Doña Josefa.

Mi padre decidió ir a comprarles a los niños una nieve antes de su partida, con la condición de que se portarían bien en el camino y evitarían hacer enojar a su abuela, de igual manera pasarían a la tienda para despedirse de su tía Trinidad.

Mientras mi madre daba las últimas indicaciones al personal y a Claudia que le acompañaba, Emanuel tomaba el velís que traía mi madre en sus manos y vino a despedirse de mí.

–Espero que tengas una buena estancia prima y que pronto regreses a la hacienda, te estaremos esperando, si necesitas algo avísame y mandaré gente para que te ayude –decía Emanuel mientras me

167

Sandra Carolina Mata Villegas

abrazaba despidiéndose. –Y se retiró hacia el zaguán ofreciendo su brazo a mi madre.

Mientras, Isabel se me acercaba y me abrazaba, algo me decía pero en ese momento llamó mi atención que en la salida del zaguán vi que Emanuel hablaba muy molesto con alguien que se ocultaba detrás de una columna. Vi, sin comprender, como Emanuel aventaba el velís contra aquel con quien hablaba, Isabel se giró y al ver aquello que también veía yo, hizo por correr hacia donde Emanuel estaba como presintiendo que era grave lo que había sacado de su normal ecuanimidad a su esposo, luego escuche un grito de Claudia que ya estaba arriba de la carreta acompañando a mi madre, en eso escuché que retumbó en las paredes una detonación de pistola haciendo que brincara mi corazón de espanto, después escuché otro y un tercero, hubo un silencio tan breve que cuando reaccioné la casa se había vuelto un alboroto con gente gritando y corriendo por todos lados. El relinchido de los caballos se mezclaba con el eco de gente gritando y corriendo detrás de aquel que había disparado, luego escuché un cuarto disparo.

Emanuel corrió hacia mí, sus pasos fueron tan amplios que en 3 zancadas ya estaba tomando a Isabel

168

en sus brazos antes de que cayera al piso, vi una mancha de sangre en mi ropa, no comprendía qué había pasado, la gente se asomaba en la entrada, los trabajadores de Emanuel corrieron hacia ellos, me cerqué al zaguán y vi a Claudia que estaba tirada al lado de mi madre gritando desesperada mientras que otros trataban de reanimar a mi madre en la entrada de la puerta, los disparos se habían escuchado tan fuerte que los vecinos ya estaban en la calle esperando ver que había pasado. Mientras llamaban a gritos al doctor, me acerque a Claudia y vi que trataba de detener el sangrado que salía de su estómago, puse su reboso para poder taparla, luego miré a mi madre pero ella no se movía, me le acerqué quitando a los que se encontraban a su alrededor, traté de hacer que reaccionara pero fue inútil, mi madre murió en mis brazos. Emanuel pasó corriendo con Isabel en brazos mientras que la gente hacia espacio para que pudieran salir, traté de ir también detrás de ellos pero me quedé de pie en la entrada, helada al ver que el cuerpo del perpetrador, ahí estaba, tendido con su cabeza destruida, era Pedro. ¿Cómo pudo hacernos esto?, ¿cómo fue tan cobarde? No pensó en sus hijos, no pensó en su esposa, ¿pero cómo? si a él lo único que le importaba era él mismo,

¿Por qué me arrebató la felicidad que apenas estaba floreciendo en mí? ¿Por qué? Era la única pregunta que estaba en mi mente.

Mi padre llegó corriendo junto con Trinidad, ella llenó con sus gritos la casa mientras mi padre trataba de tranquilizarla, pero fue imposible callar aquellos furiosos gritos, pedí a las muchachas que se hicieran cargo de los gemelos mientras tratábamos de arreglar aquella escena, Pedro Ismael alejó a los mirones y pidió que los trabajadores formaran un cerco para evitar que los curiosos se acercaran.

–¡Nadie entra sin antes preguntarme!, ¡Entendido! – ordenó mi hijo

Colocó el mantel del comedor, sobre el cuerpo de su padre y prosiguió a llevar el cuerpo de mi madre con la ayuda de mi padre a un lugar más privado, Trinidad no pudo soportar el impacto y desfalleció cuando caminaba detrás de ellos, tuvimos que acostarla en la sala hasta que recobrara la conciencia, mi padre sostenía la mano de mi madre, su compañera de vida, mientras le susurraba cosas al oído tratando de recordarle los bellos momentos que habían pasado y asegurándole que cuidaría de todos hasta que se volvieran a reunir y pidiéndole que se fuera tranquila.

Cuando Pedro Ismael entró al comedor, le supliqué que fuera a buscar a dónde había llevado Emanuel a su tía Isabel, no sabía dónde estaba. Salió mi hijo y al estar de pie al lado del cuerpo de su padre, noté que le decía algo a aquel cuerpo inerte, pero no alcancé a escuchar y después de lanzarle una mirada indiferente le dio la espalda con desprecio y se fue a buscar a Isabel y Emanuel.

Una de las muchachas de la cocina se acercó y me decía entre sollozos que el doctor me mandaba decir que no pudo salvar a Claudia, que mi fiel acompañante, acababa de morir.

Bien dice la gente que la muerte siempre viene de tres en tres, habíamos terminado de enterrar a Doña Josefa, ya volvíamos a pisar aquel panteón.

Sin embargo, la muerte no conocía a Isabel y esta no se iba a ir sin pelear hasta el último respiro de su vida, después de varias semanas en reposo y muchos cuidados, por fin pudo ponerse de pie con ayuda de un bastón, el cual la hacía ver más imponente de lo que ya era y ese accesorio se convertiría en su favorito por el resto de su vida.

La bala se había alojado en su pantorrilla izquierda lo que le provocó un rengueo permanente en su andar, pero gracias a que la bala pegó en el hueso no pasó a mayores, porque el doctor nos dijo que un milímetro más allá, el proyectil hubiera roto la arteria y hubiera muerto desangrada. Todos decían que mi prima Isabel tenía lo que llamábamos buenos huesos.

Después de los ritos funerarios, mi padre y yo comenzamos nuestra nueva vida lejos de la ciudad. Podía ver la felicidad que tenía por ver crecer a sus nietos, aunque por las noches su corazón todavía sentía el gran vacío que le había dejado mi madre.

Vendí todo lo que teníamos en la ciudad con la ayuda de Emanuel, sin embargo, apenas nos alcanzó para pagar las deudas que nos había dejado Pedro y poder pagar el personal que nos brindó su servicio en el último año en la ciudad. Después, a rehacer nuestras vidas, al menos lo intentaríamos.

XXIV - 1932

Hoy desperté más tarde de lo normal, me sentía un poco resfriada por haber dejado la ventanas abiertas, pero nada de preocuparse, caminé hacia la habitación de mi padre para cerciorarme de que él no se haya quedado dormido como yo, para mi sorpresa la cama ya se encontraba hecha y todo acomodado en su lugar. Desde la muerte de mi madre, mi padre se convirtió en un hombre muy organizado e independiente, en ocasiones regañaba a Sabina porque decía que no estaba cumpliendo con los deberes mi difunta madre, por lo que Sabina, comprendiendo que mi padre ya se le olvidaban muchas cosas, simplemente se dejaba regañar sin protestar.

Bajé a desayunar esperando encontrar la cocina abierta para prepararme un té y tratar de detener cualquier inicio de resfriado, me sentí algo tonta por ese pensamiento, pues la cocina siempre estaba sin descansar. En cuanto Casta se dio cuenta de mi presencia, mandó traer inmediatamente el desayuno a dos de sus ayudantes, ella ya poco se levantaba de su silla por culpa de sus méndigas reumas, como decía en cuanto podía, desde ahí mandaba a las seis que ahora atendían la hechura de los alimentos de la casa y del resto de la hacienda, ahí siempre leía el periódico y estaba muy atenta a los aconteceres de la ciudad. En eso escuché como se venía acercando el ya típico golpeteo de aquel fiel compañero de Isabel.

–¿Ya te enteraste de la noticia? –preguntó Isabel mientras alejaba la silla con su bastón para poder tomar asiento a mi lado, –no sabes el gusto que me da saber que Enrique Osornio haya ganado las elecciones, me imagino que tú estás más feliz que cualquiera, sobre todo por Pedro Ismael, ya era hora de que le dieran un puesto importante después de meses de arduo trabajo. –me preguntó Isabel muy contenta.

–Por supuesto que lo estoy, por fin mi niño tiene todo lo bueno que se merece de este mundo: un buen puesto, una hermosa esposa y un bebe en camino, ¿qué más puedo pedir? la vida me ha dado todo aquello que me quitó por muchos años.

–Prima, ya no pienses en aquellos tiempos, mira todo lo bueno y mucho que hemos avanzado desde ese día, como yo, mira, este bastón me hace ver más elegante de lo que llegué a pensar. ¿Eh? ¿a poco no? – me reconvino Isabel con cierta gracia.

174

–Mírate lo fuerte que eres Isabel, cuanto se entristeció mi corazón cuando casi te arrancan de mi vida, yo no logro entender como ….

–Shu shu shu … aleja esos pensamientos ya prima, no vale la pena que nuestro tiempo sean para él, mejor enfócate en el presente y ve lo maravilloso que es, por cierto… ¡Casta!... ¿ya está todo listo para la llegada de Adriana y su familia? no quiero que haya ningún inconveniente, –le preguntó a Casta que dejaba su periódico a un lado para mirarla y asentir con la cabeza.

–Isabel no es necesario que te preocupes tanto, sabes que Adriana es feliz en donde duerma, además, con esa panza que se carga cualquier asiento es un verdadero alivio.

Mi hija Adriana venía a la hacienda a tener a su segundo hijo, yo anhelaba una nieta, pero habría que esperar a saberlo hasta que naciera la creatura, sería fabuloso tener una nieta en nuestras vidas. Yo amaba demasiado a mi primer nieto Matías, cuando nació, vino a llenar un hueco en mi corazón que no sabía que existía, su cabello negro como el carbón y tan lacio, hacía casi imposible peinarlo, yo solía sonreír cuando escuchaba a Sabina cómo batallaba cada vez que lo peinaba despúes de bañarlo. Su nariz era muy respingada y pequeña y lo más llamativo de mi querido nieto, eran sus grandes ojos, llenos de curiosidad y picardía.

Por supuesto que toda la familia estaba tremendamente feliz con su llegada, ya era justo que la luz comenzara a llegar a nuestras vidas.

Este tercer nieto vendría a sumar más alegrías, además aprovecharíamos la estadía de Adriana y Raúl para celebrar la boda de Ana Isabel con Horacio.

Valla que esa boda nos unía más como familia, y aunque Emanuel se consideraba el hombre más ecuánime del mundo, ver cómo su primogénita se convertía en adulta no le era fácil, cada vez que se hablaba del tema Emanuel prefería retirarse del lugar para no dejar ver a los presentes como sus ojos se le llenaban de lágrimas.

–Vamos Emanuel que no se está muriendo, sólo se está casando, además vivirá a unos cuantos metros de nosotros, ¿no decías siempre que querías que se casara con alguien conocido y de buena familia? que mejor familia que Esther, además Horacio siempre estuvo interesado en el campo, no hay mejor candidato

176

que él para dejarle todo lo que hemos trabajado. –Le confortaba Isabel a su amado esposo.

–Sí, pero una cosa es que sea mi aprendiz y otra es que se vaya a casar con mi hija, además aun no puedo perdonar que primero te haya dicho a ti que quería casarse con Ana Isabell antes de decírmelo a mí.

–Era obvio querido, él sabe quién tiene la última palabra en esta casa, –le decía Isabel abrazándolo con ternura y pícaramente. –Además tu eres muy solapador con Ana Isabel, por supuesto que no habrías puesto ningún impedimento, ya no te quejes, que no ves que nuestra hija es la más feliz del mundo, así que no hay nada que podamos hacer tú y yo, mejor disfrutemos de estos momentos.

Después de haber terminado el desayuno en compañía de mi prima, me dispuse a ir a nuestro hermoso jardín lleno de rosales, la venta de aquellas rosas se había vuelto el sustento principal de mi familia, y mientas me acercaba para comenzar con las labores diarias, noté que todo ya se encontraba realizado, sacudí la cabeza en desaprobación, porque era obvio que mi padre ya había realizado todas las tareas, y aunque lo agradecía mucho, me preocupaba que a su edad le fuera a lastimar o pasara algo malo.

Sandra Carolina Mata Villegas

Aunque mi padre no era tan grande, él no podía creer que se convertiría en bisabuelo tan rápido, sabíamos que era muy feliz, pero por sus comentarios esporádicos nos dábamos cuenta que le hubiera encantado compartir esa felicidad con su amada esposa, podías ver como todas las noches, antes de dormir hablaba con ella, bajito, platicándole todo lo que había hecho durante el día y cada vez que terminaba cerraba sus conversaciones con la frase.

−¡Ya falta menos para que nos volvamos a ver mi dulce amor, no te desesperes!

Si bien me parecía romántico, estaba consciente de que algún día partiría, y mi corazón se volvería aponer triste, pero mientras eso sucediera tenía que aprovechar su compañía al máximo.

−¡Papá!, ya te había dicho que me esperes para hacer los arreglos a los rosales, ¿por qué no me levantaste? −le pregunté mientras lo besaba en la frente para saludarlo.

−No es necesario esperarte, además estamos en pleno verano, las rosas necesitan recibir agua más temprano para que no se vayan a quemar sus hojas, con la llegada de Adriana y los preparativos de la boda de Horacio, supuse que estarías más ocupada de lo

178

normal, por lo que decidí levantarme antes de que saliera el sol, además Sabina nada más esta de necia viendo que necesito, ya le dije mil veces que necesita encontrar a alguien más a quien ayudar pero siempre sale con la misma cantaleta, que le prometió a tu madre que siempre estaría a mi lado ¿y yo para que la quiero aquí? Nomás está viendo cómo hacerme enojar, entretenla en algo más que me voy a volver loco.

El día que Adriana llego con toda su familia, la hacienda se vistió de fiesta y patas para arriba, unos corrían a saludar, mientras los otros bajaban todo el equipaje, los gritos y abrazos no faltaron, horas después llegaron Pedro Ismael y María y antes de que el sol se ocultara los gemelos, por fin la familia estaba completa.

Isabel como buena anfitriona había preparado una cena de compromiso sólo para la familia y mientras nos encontrábamos reunidos escuchando las actualizaciones de la vida de cada uno de nosotros, no pude evitar recordar aquellos tiempos en los que eran unos niños llenos de miedos y ahora se habían convertido en lo mejor de mi vida, no podía desear más, no me arrepiento de haber pasado por todo lo malo de mi vida puesto que al final la recompensa que tengo es más grande que todas aquellas noches de lágrimas mientras vivía al lado de Pedro.

El día de la boda, a pesar de que fue caótico al principio con tanta gente que llegó, todo salió a la perfección, ver la alegría de mis hijos en ese momento valió la pena. Mientras observaba desde el rincón más apacible de mi corazón la alegre celebración, pude notar que el aroma delicado de las rosas inundaba todo, aquel suculento olor me hacía rememorar cómo aunque la rosas se marchiten, siempre volverán a florecer con cada primavera, inundando nuestras vidas con su belleza y exquisitez característico que nos demuestra que no importa la adversidad, al final siempre volveremos a florecer. Como decía el viejo Juan que me enseñó a cultivarlas, *"Cada día es como una flor en el rosal de mi jardín, bella, hermosa y aromática, a pesar del tallo tosco, áspero y espinoso que la sostiene y da vida"*

Made in the USA
Middletown, DE
02 September 2024

60263325R00102